夏山学校
家庭实践篇

[英]佐伊·尼尔·瑞德海德 著

谌宣蓁 译

新经典文化股份有限公司
www.readinglife.com
出 品

致 谢

谨以本书献给我的丈夫托尼,
没有他,就不会有今天的夏山学校。

亲爱的尼尔：

你是我生命中出现的第一位男性。是你教会了我如何去爱，去追寻那些全人类共通的美好品质——幽默、热忱、坚强和仁爱。

你将夏山学校交给了我，连带着它所承载的一切——它成了我生活的基石和养育儿女的标尺。经历了许多磨炼与考验，我始终保持着乐观，仍然热爱这个世界和生活在其中的人们。我希望我已经将你教给我的信念传递给了一些人……

记得罗茜、波西、约翰和朗吗？他们最后随浴缸里的水一同流入了下水口。记得聪明猫头鹰先生和傻乎乎猫头鹰先生吗？还有你每次给我念书时，都必须这样开头："很久很久以前，有四只小兔子，他们的名字分别是奔拉、毛毛、棉尾巴和彼得……"

尽管你可能会觉得今天的世界难以理解，我还是希望你在。我是如此地想念你。

夏山学校

Summerhill School

A.S.尼尔于1921年创立

目 录
CONTENTS

序言 / 1

做父母是件需要做好准备的事 / 3

像牧羊人一样养育子女 / 11

夏山学校有什么特别的 / 16

父母不要太看重自己 / 34

寄宿：独立生活的开始 / 39

放下期待 / 43

自我管理 / 49

平等的关系 / 55

充分的自由 / 65

自为的自由与摆脱的自由 / 71

自由≠放纵："在11月赤足行走" / 80

玩和呼吸一样重要 / 86

冷静的能量 / 94

和孩子说话的正确打开方式 / 100

正义与公平 / 111

说脏话没什么大不了 / 115

家庭冲突 / 121

权力争夺没必要 / 127

划定界限 / 134

给孩子一些空间和时间 / 137

接受孩子真实的样子 / 144

别把电脑和游戏妖魔化 / 151

消极情绪≠抑郁症 / 157

生活不必完美 / 169

我们都会犯错 / 171

孩子难搞？少说点"不可以" / 176

孩子们的真实想法 / 181

给父母的育儿小贴士 / 185

我们要去向何方？ / 190

结语：找到平衡 / 194

序　言

　　我身处的环境和由此形成的育儿经验可能是独一无二的。我在夏山出生、长大，一生都与它紧密相连。我用从父亲那儿汲取的教育方法，养育了四个孩子，作为一名夏山毕业生，成年后我继续在这里工作、生活，不断增进对这所学校及其中的人们的了解。这为我提供了一个独特的机会，能够近距离观察在这样一个不寻常的环境下，孩子们是如何成长的。这里没有家长步步紧逼的期待，只有夏山给予的自由。

　　本书中的内容只是我个人的观察和看法，但我相信，我所见证的是一段广泛的童年光谱，也许并无他人有幸得见。我曾是一名学生，也是一位母亲和祖母，过去的近 40 年间，一直担任着夏山学校的校长。生命的大部分时间里，我都在注视着这些在自治、自律的环境下自由放养的孩子们。这份经历带给我非凡的乐趣，我感到非常荣幸，也有义务去和你们分享从中收获的一点领悟。

　　夏山也许能成为家庭生活的某种蓝图。在本书中，我试图从自己在夏山的经验中提炼出一些故事和推论,并将它们传递给更广阔的世界。我真诚地相信,这会给父母们——这一复杂麻烦,但却意义非凡的角色——带去支持和力量。

夏山的生活是快乐的,它在成年人和孩子间构建起一种特殊的联结,当这段旅程结束之际,它会将最出色的年轻人输送到外面的世界,他们经历了深刻的民主教育,拥有在别处无法获得的高情商,充满自信和自我意识。夏山做了什么,又是怎样做到的?如果我们近距离地观察一番,或许就能将一些东西化为己用,运用到自己的家庭和育儿中。我相信,夏山能帮助更多家庭找到一种平和、融洽的生活,帮助孩子们减轻学校生活的重压。

在这本书中,你可能发现我会重复自己的话——我在此致歉——但如果我说了不止一次,那就意味着它很重要,毕竟重要的事情说多少遍也不为过!

最后我想说的是,我知道很多儿童和青少年都是在其他照护人的看护和照料下长大,而非他们的父母。我在本书中使用的"父母"一词,涵盖了真正的父母和实际的照护人。

做父母是件需要做好准备的事

我爱父母们。我喜欢看到他们带着孩子一起逛超市、公园、动物园。这些小家伙们自呱呱坠地起,就大张旗鼓地占据了父母的整个世界,而父母愿意让他们把自己的生活搅个天翻地覆,这让我十分敬佩。那些曾经给人感觉任性又自我、或许还有点懒惰的人,在成为父母之后,会自然而然地起夜哺乳,应付孩子肠痉挛时的哭泣,并日日重复那些冗杂磨人的琐事,比如出门前把孩子仔细包裹好,为了一次简单的购物花很长时间整理车后备厢,以及再也不可能像从前那样享有私人时间。父母们实在太了不起了!

前些天我听说过这么一句话,形容孩子就像是"晴朗天空中疾疾掠过的暴风"——只需要几分钟时间,就会从喜笑颜开变得怒气冲冲、哭闹不止。我觉得这句话表述得很到位,和幼儿在一起生活的大部分时间就是这样。

不过很可惜,父母们关爱、呵护孩子的那份热情,也会导致他们有时在养育子女的问题上想得太多。对孩子的深情厚谊

孩子就像是晴朗天空中疾疾掠过的暴风。

常常让他们难以认清,作为一个家庭共同生活,还有更多基础的现实问题需要理性思考。父母的担忧经常会影响孩子的生活,他们总忍不住将自己的期待强加给孩子。

我非常清楚地记得,我的第一个孩子——女儿艾米刚刚出生时,我心里生出了一股完全出乎意料的强烈情绪,甚至让我有些害怕。我会设想一些糟糕的情形,担心有人会伤害她。我只好努力工作,以摆脱这种徒劳又折磨人的念头。但我知道,如果真的有人胆敢闯进我家,威胁到我孩子的安全,我一定会狠狠地把他们撕成碎片。

我十分敬佩父母,他们愿意让小家伙们
把自己的生活搅得天翻地覆。

这种情绪可能会伤害我们与孩子的关系。我们必须认识它、接纳它,然后尽自己所能收起这种念头。在进入父母这个角色之前,我们必须摒弃前尘——抛却多余的担忧和过往的阴影,这是一个崭新的开端。我们自己与父母或老师的关系,以及那些对生活的忧虑和不满,都应该成为过去时。孩子们要开辟自己的人生、塑造自己的独特性格,我们不能用自己的底色去沾染他们那一方白纸。

在夏山学校,我们时常目睹教养失序的一面。它往往来势凶猛,给所有相关的人都带来压力和不幸。教养子女本就不易,而随之而来的各种质疑和争议，只会让这项工作变得更加艰难，乃至陷入困境。

让我惊讶的是，在为人父母的准备工作中，我们习惯于关注自己做得不对的事情。我们总是忧心忡忡：有了孩子之后，我们会受到怎样的影响，要如何负起责任，怎样应对抚养孩子的日常琐碎和一个个无眠的夜晚？宝宝哭泣时，我们该怎么做？孩子在公共场合行为不当，我们该如何应对？当孩子上学后，他们会在学业上显露出聪明才智，还是难以应付课业？

我们往往会忽略最重要的事，那就是，作为独立的个体，我们能给孩子带来什么，以及该怎样适应父母这个角色。我们应当思考：我是个容易焦虑的人吗？如果是，我能否做到尽量不将自己的焦虑投射到孩子身上？

这份焦虑会阻碍我成为一个称职的"好"妈妈或爸爸吗？

我是个容易紧张的人吗？这会对我的家庭生活产生负面影响吗？我自身的紧张会不会给周围造成一种紧张的气氛？

我的性格被动还是强势？如果性格被动，那么我需要学习更多技巧，变得更加自信果敢，从而更好地"管理"一个家庭（相信我，家庭是需要管理的，但不是以大多数人想象的那种传统方式）。如果我是一个强势而有主见的人，那么我可能需要思考的是，当为人父母不得不做出一些妥协时，我该如何应对？我个人的性格会对孩子产生怎样的影响，怎么做才能把这种影响降到最低？

在孩子的成长过程中，我们的性格特质和生活经历会给他们造成怎样的影响？

一旦我们意识到自己的问题，就很容易发现在抚养孩子的过程中它们会产生的影响。我们需要考虑很多事情，这样才能顺势而为、事半功倍，而不会让情绪占据上风、引发更多问题。

我们需要从独立个体的角度来反思自我，并找到方法让自己不再那么紧张、焦虑和苛求，降低对家庭生活和孩子的过高期待。这需要我们不断思考，自我探索、自我约束，我们开始得越早，效果就越好。

所有人都需要为成为父母做好准备。我所说的准备，并不是指购买婴儿服、应付起夜，或担心孩子会不会说"请"和"谢谢"；我们需要更深层次的准备，要开始关注那些能够帮助我们成为更好父母的关键因素。

我们需要努力控制自己的焦虑，学会保持平和、冷静。或许还应努力变得更加自信果敢，以坚定而平等的态度为孩子指明正确方向。我们要正视并认识到自身的恐惧和偏见，以尽量减少对孩子造成的负面影响，并尽量确保不在对孩子的要求中掺杂关于原生家庭的情绪记忆。太多父母试图去弥补自己所受过的过于专制的家庭教育，他们曾经感到充满束缚，于是便给予自己的孩子过多的自由，让他们随心所欲。记住，自信果敢地管理家庭生活并不意味着专横和独裁，只是良好地管理——仅此而已。

我们需要弄清楚教育中的优先级，理性地衡量大局，而不是纠结于一些鸡毛蒜皮的小事，比如孩子今天有没有好好吃蔬菜，有没有按时洗澡，或者在和外公玩纸牌时有没有言辞不当。对所有事都强加规定只会造成争吵不断、缺乏信任的家庭环境。真正重要的是，你的孩子是一个正常人，他能够为自己所做的事和所说的话负责，他关心这个世界和生活在其中的人们，知道生活并不完美，并且能接受这一点，不会过多抱怨，更不会发脾气。

他们会从你身上学到这些，并不是因为你教了他们，而是因为你就是这样的人，他们每天都能从你身上和你们的家庭环境中感受到。

这也是为什么广泛接触更多的家庭和朋友对我们非常重要，父母和孩子都应该认识到，和他人分享你们的育儿经验没什么不好。或出于礼貌，或出于担忧，我们身边的人往往不愿当面提出自己的育儿观点，与我们的孩子的互动也仅止于无关痛痒的闲谈。孩子们需要去接触形形色色的人，吸纳许许多多、各种各样的信息，而不仅仅是来源于父母的信息。若非如此，他们就无法得知生活的全貌。记住，家庭外部的那些大孩子们可能聪明睿智、常识完备，而且依然没有忘却童年时光。

如何与孩子们保持平等的伙伴关系，这也是我们需要认真思考的。要用爱与赞许对待每一个孩子，不感情用事，以尊重、友好的态度和他们交谈，就像对待自己最好的朋友那样。最后但同样重要的是，一定要有幽默感，最好再糊涂一点。

40多年里，我一直在观察父母们，和数以百计的家庭进行过不同形式的互动交流。我见过各种各样的父母，有的过于溺爱孩子，有的亲情淡漠，有的自以为最懂孩子，有的则深陷绝望之中——因为不管怎样付出爱与精力，情况都越来越糟糕，他们不知道该如何让一切回归正轨。

夏山随时接纳5岁以上的孩子，但一般不超过12岁。在夏山待上一段时间，这些孩子的家庭就会发生改变。这不是因为孩子们去了夏山，而是因为孩子们从这段经历中获得了自我成长。夏山容纳了来自不同国家、背景的孩子和成年人，形成了一个和谐、均衡的社区，在这里，孩子们自然吸纳并发展了自身平等、常识性的交流和协商、让步的技巧，这些技巧随后融进每个孩子的家庭里。家长们经常反馈说，孩子们会反过来教他们，这对他们来说既是一种富有启发的学习经历，也为整个家庭带来了新的平衡。

因此我们不妨回顾一下，夏山究竟为孩子做了什么，以及你可以怎样将它运用到家庭日常生活中去。

在观察了夏山之后，我想我们应该认识到，成为优秀父母最关键的一点在于,能够让孩子离开你独立生活。我们需要时常默念自省——最好是每日默念——孩子并不属于我们,更重要的是,他们不欠我们任何东西。后面我可能会反复重申这一点,还请海涵。因为认清我们与孩子的关系极为重要,而且大有裨益,再怎么强调也不为过!

我们要学会退后,让孩子过自己的生活,努力做一个牧羊人而不是驯兽师。这在家庭环境中实践起来会有点困难,因为我们几乎无时无刻不在彼此身边。但经过深刻的思考、规划,当然还有大量的自我评估和约束,给予孩子独立生活的自由、少施加期待,也并非不可能。通过分析夏山给孩子们带来的影响,我们能够找到适合在家中效仿的方法。

我必须再次强调,绝不能让我们自身的不足、焦虑、偏见或渴望侵入家庭生活,影响对子女的教养。我们需要保持冷静,仔细想想我们想要做什么,让忧虑只属于自己,别让它蔓延到整个家庭。

像牧羊人一样养育子女

养育孩子并不是一项任务,而是一场冒险——对双方而言都是一个不断学习的过程。孩子需要认识这个世界,了解其中的人和事,父母则需要知晓如何才能更好地帮助孩子渡过这片时有风雨的人生之海。我们的职责是提供爱与支持,在他们学习的过程中竭尽所能去引导他们,记得放低姿态,让孩子能够做自己。牧羊人不会控制或改变羊的行为方式,而是让它们可以好好地做一只羊,保证它们的安全,关心它们的幸福。她会将羊从一片草场转移到另一片草场,以躲避捕食者的袭击,也会将它们领回室内,洗药浴或产羔羊。这不是在限制它们的自由,而是为了确保它们安然无虞。

当然,在养育子女的过程中,我们都会犯错。但想象一下,这就像你在教人跳舞,你能做的就是展示舞步,用手臂托住他们,然后开始舞动。不要在对方跳错步伐的时候去左右他们的节奏、羞辱或叱骂他们,还有很重要的一点,也不要让对方踩着你的脚,按他们的想法指挥你加快或放慢步子。

在一个和谐的家庭里，大人和孩子尽管承担着截然不同的角色，但要给予对方同等的尊重。有时候，父母很难意识到，自己也应享有一些权利。他们的生活好像总是围着孩子转，常常忘了抽点时间给自己。孩子们需要学会尊重别人的安宁时光，知道在什么时候应该暂退一步，也给大人一些私人空间。

坦白说，我见过很多这样的情况：孩子表现得像个被宠坏的小祖宗，但他们的父母却视而不见。不仅如此，他们还会为孩子感到自豪，觉得这是自由洒脱、有创造力的表现，但在我看来，孩子随意打断大人的谈话，只会显得没有礼貌。即便是"自由放养"的孩子，也需要学习基本的常识和礼貌，正如成年人也需要的那样。我不会在你游戏时随意打扰或者试图控制你，同样地，你也不应该打断甚至企图主导大人们的谈话。当然，你可以适时提问或简短评论，但之后必须回到自己的事情上去，把对话留给我们。数不清有多少次，我看到孩子完全支配了父母。更可悲的是，我觉得那些父母根本没有发现这一点。

长大是一次漫长的旅程，不存在什么"快捷通道"。不知有多少次，你已经不再期待孩子能够早起或者带垃圾出门。不过，一切都会变好的。某一天，当他们年满25岁，你便会为面前出色的年轻人感到无比骄傲。

在这趟旅程中，最关键的是保持冷静与尊重，有良好（可能还有点古怪）的幽默感并乐在其中。没有什么比亲身参与一个家庭的成长更令人满足和愉悦了，尽管这真的很累人！

作为夏山学校的校长，我在这里生活了30多年，有幸见证了许多孩子从幼儿成长为青年。他们来自不同的国家、不同的家庭，接受过不同的教育。我见过很多成功的范例，也见过不少失败的案例。这些都会在孩子的性格、行为方式以及生活态度上体现出来。它并非不可逆转，只是有时需要父母们在教育方法和行动上做出艰辛的努力和较大的改变，学校社区也同样需要如此。

在夏山，我们每个人都有一杆特殊的衡量标尺，那就是为自己的行为负责，这是我们立校的准则之一——自由而不放纵——或者说，负责任的自由。在当下这个时代，无论个人还是整个社会，似乎都很难做到这件小事，大家总想把错误推给别人来承担，因而这杆标尺便显得尤为重要。

自由意味着个人的自由，即拥有自主选择的能力。我们可以决定自己的事务，而不是由别人来左右，比如早餐想喝茶还是咖啡，想追求什么梦想，卧室窗户下面放衣柜还是书桌。与此相对，放纵则是做一些影响他人的事情，比如在凌晨3点敲鼓，拉拽猫的尾巴，未经同意擅自动用别人的电脑或自行车。

还有一个常见的问题：大多数父母都认为，他们需要时刻关注自己的孩子。可是你知道吗，孩子们喜欢夏山的最主要原因之一，就是这里不会有成年人时刻围着他们转。我们一眼就能分辨出那些新来的孩子，因为他们总是黏着我们，希望我们陪着一起玩。不过待上一段时间后，这些孩子便会骑着单车路过你身边，随意地招呼一声"嗨"就匆匆而去！

在夏山，自由意味着你能和朋友、兄弟姐妹们一起愉快地玩耍，自行解决你们的分歧（当然，要在合理的范围内），去发现世界、探索其中的精彩，去创造，不管是以多么不寻常甚至奇怪的方式，都可以不被定义、不受他人的期待所限，只要你想，甚至可以在11月赤足行走……

给予孩子们关爱与刺激，是件再容易不过的事情。看着他们学习、与他们互动玩耍，不仅非常有趣，还能给我们带来莫大的快乐。但其中也潜藏着危险，那就是孩子们会受到过多的关注。

这些愉快的体验可能迅速变质，孩子们会开始沉浸于成年人的世界。他们会发现很难取悦自己，也很难享受手头上的事情，因为他们已经习惯了从周围的成年人那儿获得反馈，且大多数时候都是些正面的反馈。这种情形在夏山也时有发生，一些孩子发现，独自生活有些无聊甚至可怕，因为他们太过习惯与成年人的互动。他们可能得花上一段时间，才能找到自己的生活方向，学会"独立行走"。

就让孩子们尽情玩耍，享受生活、从生活中学习吧。让他们跌跌撞撞地走出蛋壳，去哭、去笑，去做傻事，与同伴们在一起，最重要的是，放手让他们做自己。这样长大的孩子不会经历"幼儿期失控""可怕的两岁"或"青春期叛逆"。最终，你会收获一个前所未有的知己。你们彼此了解最深，一起分享了整个童年的欢笑和泪水、真心与爱。永远、永远别忘了那些快乐的时光！

夏山学校有什么特别的

"夏山学校的未来也许并不重要,但夏山理念的未来对于人类来说至关重要。新一代的孩子们理应拥有自由成长的机会。给予自由就是给予爱,而唯有爱才能拯救世界。"

——A. S. 尼尔

久经考验的教育理念和体制

在执掌夏山学校 30 多年后,我惊讶地发现,教育界似乎普遍还没有认识到学业压力与青少年抑郁之间的联系。大多数孩子在学校乃至在家中都忍受着课业和升学方面的压力,大量青少年被诊断为重度焦虑或抑郁。以我之见,这无异于某种形式的虐待,这种状况但凡发生在另一个社会群体中,人们都能清楚地意识到,这不公平,也难以容忍。

1921 年,一个来自福法尔郡的苏格兰人——尼尔创建了夏山学校。一开始,夏山的创办备受争议,很多人都不认同其背后的教育理念。我之所以在这里提及夏山的教育理念,是因为其核心特质——自由、自律和强大的社区精神——让我们在教育之路上不断求索，进步良多。我们发现，当孩子们真正掌控自己的生活时，他们便能蓬勃生长，而如果我们能换一种管理方式，很多问题其实不会发生，也不会有那么多郁郁不乐或叛逆的青少年。

在夏山学校，学生和成年人彼此平等地生活在一起。我们所有人之间有一个明确的共识：随着孩子长大、成人，孩子和成年人会处于不同的位置、有着不同的需求，但成年人始终应担当那个肩负责任、施加照拂的角色。

自我管理和学校大会

夏山学校的日常生活实行民主自治，我们会通过学校大会来商定日常生活的细则。这种教育中的民主非常直接。这就像是有一群孩子拿着一只球，不知道是该踢足球还是打排球，此时最简单直接，同时也最合情理的方式就是举手表决。这就是我们的民主，不含任何特殊的意义，也不必遵循某种特定的模式——仅仅是一群人在某个特定时间就特定问题投票决定出最佳解决方案，而这种方式我们都非常受用。通常情况下，集体商议的质量和随后大会得出的决策都展现出惊人的洞察，能够为当时待议的问题提供有效的解决方案。

大会也成了我们学习如何与他人和谐相处的重要媒介。显然，学校里难免会有不同的声音和观点、出现不良行为或轻度霸凌事件，更严重的问题也时有发生，比如有人整夜被吵醒、无法入睡，这些都需要我们共同去解决。

在夏山，成年人可能会介入、帮助解决争端，或告诉孩子他们的行为已经越线，而社区里的所有成员都可以这么做。如果一个成年人行为不端、违反校规或招惹他人，年长的孩子或你自己团队中的一员都可以指出其错误，我们投票选出了监察员，他们会协助调解问题。进入学校两年以上才有资格被选为监察员，成年人和孩子都可以担任。监察员有权没收物品，或暂时禁止你出入某个区域，直到下次学校大会召开。不过大多数时候他们只是代表公共常理发声，帮助稳定事态、厘清因果。他们也会帮助年幼或内向的孩子在大会上提出议案，并以证人的身份给予支持。

夏山这个社区集合了年龄各异、经历不同的人，由于不存在任何强制纪律，成年人和孩子之间鲜少发生矛盾冲突。而当大家在学校大会上，投票决定派对之夜是否可以推迟就寝时间的时候，两者之间则会出现明显的分歧。少年们几乎总是选择凌晨 4 点作为就寝时间，我们这些老年人则倾向于选择早一点的时间，但通常我们都是输的那一方！

这种制度可能乍听起来像是彻底的混乱无序，似乎孩子们在称雄称霸、为所欲为，但这与事实相去甚远。如前所述，我们坚持的立校准则是"自由而不放纵",或者说是"负责任的自由"。这意味着所有学生都会通过一个渐进的过程明白这个道理:没有人能够想做什么就做什么,我们必须互相尊重,实现个人自由的前提是不影响他人的自由。在这些方面,我们观察到,尽管外界可能有不同的预期,但孩子们在夏山学校的支持和指引下,有能力对自己生活中的事务做出决定。

目前,学校的规章手册中约有400条规定,从学生的就寝时间到同时使用蹦床的安全人数,涵盖了生活的各个方面。其中很多条都是为某个特定情况量身定制的,而一旦不再需要,就会被废止。这些规定均由集体投票来制定,任何人都可以在学校大会上提出议案请求修订。我们学校人数众多、年龄层次丰富,很容易在相对较短的时间内制定很多规定。当然,这些规定的数量远比家庭生活中需要的多得多!

"在夏山学校,学生们会为了争取自治权而奋战到底。在我看来,我们每周例行的学校大会比一周课程表更有价值。"

——A. S. 尼尔

这段话在今天仍然适用。每周三次的学校大会就是论坛,我们在此讨论问题,制定、修改或废止规定,对我们的日常生活实行自治。

夏山是一个大型寄宿社区,其中也包含一些走读生,这样的生活方式需要对彼此的行为有明确的期望和安全保障机制,这一点尤为重要。因此,任何人都可以在校会上提出议案,可以是求助、投诉,或只是单纯表达不满。我们会以公开、真诚的态度来讨论并解决问题。通常,校会投票决出的惩罚也会因事制宜,可能是一次24小时的电子产品禁令、一次游泳课的取消、社区劳动或是一笔金额不大的罚款。

校会设有主席一职,每两次大会选举出一位新的主席,另有一位秘书负责会议记录及议程管理。主席的工作并不轻松。身为校会主席,必须自信果断、熟悉议案、不偏不倚,还要能在约70名学生和教职工面前控好场。学校的规章规定,主席拥有"最高权力"。如果有人扰乱会议进程,主席有权要求对方移位或离场,传唤议案"被诉方"出席会议。如果会议进行了太久,或者过于吵闹——尽管这种情况极少发生,主席可以决定结束会议。有经验的主席总会让年龄小的孩子先发言,这样他们不用等太久(可能会想要小便),多给他们一些宽容的空间;对年龄稍长的孩子和成年人则非常严格,如果他们想要离场,必须提出请求并获得允许。

所有人都平等地拥有发言权与投票权。初次参加校会的孩子可能会对自己的能力感到不自信。他们总是静静坐着聆听,在投票时试探性地举起手，通常只是随大流，跟着自己的朋友或者看成年人怎么做。不过，要不了多久，他们就会按自己的想法积极投票。

有时候，当孩子们在学校待上几个月之后，会开始对一切议案都投反对票。对一些孩子而言，这可能是某种"通过仪式"[1]，也是一段意义非凡的学习经验。当孩子们行使自己的新权利时，你常常能在他们眼中看到一丝狡黠的光芒。

"我才不关心议案是什么内容，我就是要投反对票——因为我可以这么做！"

有时会有其他学校的学生来夏山参观访问，来访问的学生们说，在他们学校，学生没法决定那些关乎自己的日常小事。他们被要求讨论许多"成人"议题，而他们真正想讨论的是，他们可以穿什么样的衣服，是否需要穿校服以及为什么？他们能够自己选择下午茶吃什么饼干吗？这些才是他们在乎的。

夏山有一位调解员，负责英国教育标准局的审查监督工作。他来自伦敦教育学院，是夏山学校的长期支持者。在例行校会之后，他有点失望，因为孩子们一直在讨论能不能在学校图书馆喝汽水。他本以为夏山的孩子们应该讨论一些更关乎社会根本的问题，乃至国际事务，而不是这些鸡毛蒜皮

---

[1] 范·杰纳普在《通过仪式》（*Rite of Passage*）中提出，人的生命总是存在一个阶段向另一个阶段的转化，在转化的过程中需要一个通过仪式。

的小事。但我们的校会大多都围绕着一些别人可能称之为"内务"的内容。这些听起来平凡而俗套的小事才真正影响着我们，与每个人的每一天都息息相关。昨天晚上别墅①区域周围是不是异常吵闹？是谁把钉板（学校的签退系统）上的钉子拔下来扔得到处都是？在疗养院区域玩耍过后为什么不把自己的垃圾带走？脱下来的毛衣为什么不捡起来带走，而是随便扔在草地上？

学校大会是夏山的核心。我们的校会务实、接地气，又幽默有趣，也许有时会有点无聊，但大多数时候绝对精彩，值得一看。与夏山相伴70余年，哪怕一场校会我都不愿错过。

课程

在上不上课这件事上，学生们拥有完全的自由，这是夏山自我管理的一部分。这种方式可能较为激进，并非适用于每一个家庭。但如果仅因为某个人不理解就放弃整个制度，那实在太令人惋惜了。在此，我希望能展现出这套"不强制上课"制度的价值及其背后的依据。夏山的孩子们可以自由地选择上课还是玩耍，这是尼尔在1921年做出的决定，并一直延续至今。在夏山，成人和孩子生活在一个平等的社区环境中，平等

---

① 夏山按孩子的年龄划分宿舍，从小到大依次为乡间小屋（Cottage）、疗养院（San）、别墅（House）、棚屋（Shack）、马车房（Carriage）。

是它平稳运转的基础之一。如果强行规定孩子们该去上什么课或者学什么东西,便不可能构建一个人人拥有平等权利的自治社区。从操作层面上来说,校会倒是可以这么做,但从来没有人提过。唯有在 1999 年,政府试图关停夏山学校的时候,我们短暂地考虑过这件事。不过,正如人们常说的那句,那又是另一个故事了……

夏山的孩子们可以自由地依照自己的想法行事,由约 17 位教师和宿舍管理员组成的专业团队实际上则为他们提供了一种定制化的教育。学生们拥有绝对的自由,上不上课都可以。他们可以备考英国国家考试,获取普通中等教育证书(GCSE),也可以投身于其他爱好,如美术、木工、科学、音乐,哪怕只是在雨中玩耍。

多数国家都有一套普遍认可的传统教育制度。对此我们当然清楚,毕竟我们中的大部分也都是从"普通"学校出来的。一些孩子能够享受其中、获得启迪,但也有许多孩子感到压力重重、找不到一点快乐,他们日复一日地学习,却只觉得自己是个失败者。他们发现自己学得很费劲,苦苦挣扎的同时,忍不住想象其他人都游刃有余,免不了心生挫败。在生命尚未绽放之时,就已经将自己打入失败者的牢笼,这对孩子们来说实在太过沉重。

过去的 100 年间,我们在夏山发现,学习不必遵循社会以为的那种、往往是惩罚性的模式。

在传统学校里，孩子们 5 岁左右入学，在学校的每一天都不停地学习，直到 16 岁参加第一次重大考试。这种模式存在一个假定前提，那就是如果没有这个考试机会，孩子们便无法在学业上取得成就，或无法继续学习、接受高等教育。想想来自不同国家的青少年们热血满怀地参加抗议全球气候变暖的游行活动，那场面激情澎湃。而我们从媒体口中听到的最多的却是成年人忧心忡忡地表示，这些参与游行的孩子错过了一整天的课程有多么糟糕，以及这会对他们的未来产生怎样不好的影响！

在夏山，我们见证了一种截然不同的过程。尽管部分孩子会走上一条相对传统的道路，但其他孩子会在很长一段时间内都不怎么上课，到十二三岁的时候，他们对于常规意义上的知识技能掌握得相当有限。然而，这些孩子的社交技能和情绪调节能力却远超同龄人。他们思维活跃，对自己的爱好和野望保有最初的热情。这时打下的关键基础将会成为丰沃的土壤，让他们在今后的人生中收获累累果实。这些孩子会成为可靠的青年，能够广泛参与社会议题的讨论和投票，真正为自己的行为负责，并尽力帮助其他有困难的人。

到这个年龄，他们会开始考虑将来，思考在离开夏山之后要做些什么。他们将不再整日只想着玩乐，而会开始认真规划自己的人生。

这就是我们说的自我激励。某一时刻你会突然醒悟，自己如果想做什么，就得去了解和学习。这时你就会明白，学习是自己的事情，不能一味等着别人来教你。

开始的时候可能会有点艰难。当然，在学校社区，你早就体验过各种各样的约束。你不能做违反校规的事情，比如在下午3点之前不能玩电脑游戏。还要严格遵守规定，比如早上8点半之前起床，晚上按时就寝。孩子们对于承担义务已经相当熟悉，但面对课程表，他们还需要慢慢适应。

孩子们需要理解并接受：学习是件富有挑战性的事情，并且需要认真对待。如果他们真的想通过考试，上课就不能三天打鱼两天晒网。老师会非常坦诚地告知他们学习上的进步或不足，以帮助他们走得更远。我们还有一支由成年人组成的支持团队，专门关注着每一个离开夏山的学生。在中学这几年，他们会定期与学生交流，讨论可能的志向、达成目标的方法，就未来可能需要的大学教育或其他培训提出多方面的建议。

一项概括但也相当精确的数据表明，夏山的绝大多数学生都参与了绝大部分课程。最主要的一点是，孩子们确实会逐渐习惯这种方式，他们认真学习并且通过了考试，这对他们来说是一次收获颇丰的经历，因为他们认识到自己拥有实现目标的能力，学会了如何通过不懈的努力来克服困难。在他们背后始终有一群专业而充满关怀的成年人，运用夏山独特的学习方法提供支持与帮助。

当然，也有一些学生不愿走升学路线，想做些别的事。他们可能对手工艺感兴趣，比如木工或园艺，或者具有艺术天赋。其他领域也有许多资格考试，不过孩子们可能并不想参加任何正式的资格认证。对此我们不会施加压力或催促他们做决定，他们的未来应该完全掌握在自己手中。

所以，夏山不仅仅是个超大型游乐场，它还是一个有规划、有组织的体系。在这里，孩子们幼时可以尽情施展天性，而后渐渐开始主动参与社区事务，更加积极地对待学习，为步入成年做好准备。

尼尔创立的教育思想体系至简至真，无需任何改变。如此生活、教育或抚养孩子是最为自然且合乎常理的，仿佛这种方式正是大自然对人类所期许的。

教育在不同人心中有着不同的内涵。例如，几乎所有人都认可读写和算术能力是教育中的核心价值，但它们是唯一的核心价值吗？

看看这些：

情感发展

有效决策

创造力

自尊

宽容

诚实

敏锐

个性

自我激励

同理心

良好的常识

如果不给孩子们做决定的机会，他们很难成为优秀的决策者。这其中必然涵盖了偶尔的失误、犯错，还需要有勇气承担情感和身体上的风险。最根本的是，它意味着要为自己的行为结果负责任。

在一个孩子们的个人意见受到充分尊重和信任的环境里，这些必不可少的基本素养学起来并不费力。

夏山已经抛弃了教育中的传统价值观，它构建了一种全新的方式，旨在教育孩子全面发展，包括他们的情感健康。我会认为，只有像夏山这样的学校才能真正提供英国教育部以及世界上其他国家的教育部门所要求的全面而均衡的课程，因为我们满足学生的情感需求，教他们掌握基本的生活技能，培养健全的人格，使孩子们不仅能与他人和谐相处，还能为身边的社会做出自己的贡献。

因此，透过这种成年人帮助孩子的方式，每个家庭都应看到一条关键信息：孩子情感的健康发展十分重要。

学习不应该只存在于头脑中，也必须存在于心中。不论是擅长清扫马厩，还是有望成为太空科学家，每个人的天赋和才能都应依自己的时间和步调，自然而然地显现和发展。一个从事日常工作，内心快乐、生活平衡的人，他对于社会的重要性不亚于任何学者和专家。

"一位技术纯熟的工匠面对一位可能连车胎都不会补的大学教授，会感到自愧不如；一个能够摞出完美草垛、拉出笔直犁沟的农民，在社会文化中要低教师一等：这种逻辑是十分荒谬的。"

——A. S. 尼尔

每个人都应在学术上有所成就，这种期待对许多年轻人来说都是一种诅咒。它已经变成了一种歧视，理应被拒绝。对那些满嘴学术词汇、名字后面缀有学位或头衔的人，我们常常另眼看待；当受过"教育"的人提出观点的时候，我们更愿意倾听。为什么这会成为我们评判别人的标准？诚然，基本的读写能力和对世界的广泛认知是很重要的素养,但它们并不一定要通过学业教育来获得,其中很多来源于社交活动和自主习得。

"要记住,你现在做的事情不会影响你的整个人生。不到最后,不见分晓。你只需要一步一脚印地过好自己的生活。你没法计划接下来的事情……没法计划好后面的40年。做你现在感兴趣的事情就好。"

——肯·罗宾逊爵士[1],教育变革倡导者

如果人们选择上大学读取学位,那值得赞赏;如果他们渴求渊博的学识,也值得钦佩。当然,我们通常需要特定的资格证明。10年前我做过一次胰腺外科大手术,对我们患者来说,外科医生的职业资质非常重要,但更重要的是,这也反映了我一直在说的——我想确认,那个用手术刀划开我身体脆弱部位的外科医生,他对自己的医学事业充满热情——谢天谢地,他确实如此!

诚然,世界上有很多优秀的学校和无数优秀的教师,努力为学生们提供全面而均衡的课程,但在一个只以"及格"和"不

---

[1] 英国著名教育家、演讲人,2003年因对艺术教育的贡献而被封为爵士,2020年因病逝世。

及格"为标准，而不立足于个体独特性的教育体系中，这又如何能实现呢？

> "夏山的氛围是快乐而充满关怀的，但它也认同情感表达和通过感受学习的重要性。坦率和诚实是社区成员的共同特质。"
>
> ——A. S. 尼尔

社会幸福感和情感健康一直是尼尔教育理念中的核心要素。他创办的学校持续为孩子们提供自我管理和学习社会责任的机会，从而确保孩子们的情感生活是所有学习中最重要的内容。尼尔坚信，当孩子实现了情感自由时，他们的智力也会自然得到发展。自他于1973年逝世之后，这种方法在夏山也一直沿用至今。

在职业生涯的大部分时间里，尼尔长期遭到新闻界的歪曲报道。他的学校多次被世人嘲笑，甚至被比作威廉·戈尔丁的小说《蝇王》①中的世界。但在今天，世界各地的教育工作者都被夏山模式吸引，想从中找到自己关于当今教育变革的答案。众多高等学府也在研习夏山的教育方法，教育专业的学生

---

① 讲述一群儿童因飞机失事受困荒岛，起初尚能和睦相处，但随着人性之恶逐渐膨胀，开始互相残杀，最终酿成悲剧的故事。

们纷纷以此为题材撰写论文。

夏山的教育方法

在探讨如何运用从夏山学校体系中发展出来的教育方法在家庭环境中抚养孩子之前，我们首先需要更仔细地观察夏山一番。从这个有趣的，乃至有点令人惊讶的地方，我们究竟能学到哪些适用于日常生活的经验呢？

我并非在试图推销夏山学校，鼓励人们相信夏山的核心理念，或是让他们考虑把孩子送到这里，而是如果我们不观察其方法，便无法分析夏山为孩子们做了什么，又是如何做到的。我衷心希望读者们能从中获得启发。

即便你的孩子注定要走上一条学校教育的传统道路，你仍然能从夏山的案例中汲取许多经验，融入自己的教养方式中。家庭中的平等并不是让孩子掌控一切，而是意味着他们对自己人生的方向拥有发言权，对那些成年人施加给孩子的传统的期待和要求，他们有更多的掌控权。比如，青少年在依循自己的感觉探索人生的方向时，经常与父母、家庭以及社会的共同期望背道而驰。这往往是由父母们的担忧所致，他们担心孩子将来无法养活自己、过上舒适的生活。尽管这样的分歧通常源于对孩子的爱而非专断，但遗憾的是，无论如何，对孩子和家庭关系来说，最终的结果并没有区别。

夏山学校成立至今已有100年，它不再是一项教育实验，而是真正成为教育和儿童抚育的卓越典范。它广纳来自不同背景和国家的孩子，给予他们充分的自由和自治的权利。其中大多数学生来自父母眼中一切安好、毫无问题的家庭环境，此外，多年来夏山还接纳了许多深处困境的学生，远超其应承受比例。他们把家庭问题带到了学校，在许多情况下，给社区带来了管理难题。大部分来过夏山学校的人都觉得这是一次真正改变人生的经历，不论他们待的时间长短。

从教育目的来看，或许夏山最重要的特点在于，它为孩子们提供了一个非常独特的环境，让他们能够不受传统教育和养育方式的束缚，如同放养般自由自在地生活和学习。因此，若要了解自然的童年，世界上不会有比这里更好的地方了。我坚信，夏山对儿童和青少年的教育方法，很多方面都能够"迁移"到普通家庭和学校这些"非夏山"的环境中。

希望通过更近距离地观察夏山对儿童教育的态度与方法，我们能够将其中一些有用的东西应用到家庭中，帮助改善家庭关系。我期盼它能帮助更多的年轻人，让他们在家庭的爱与支持下，获得应得的——也是成为一个真正个体所需的自由，无论这份自由将会带他们去往何方。

阅读书里的这些教育思想和育儿理念时，你会注意到，我很少谈论学习，尤其是学科性学习。这是因为，对孩子们而言，学习其实是自然而然发生的。我关心孩子们的幸福和情感发展,而不太在乎他们的学习成绩;我们有一套完整的课程体系,且英国教育标准办公室也从未认为夏山学校在学业成绩方面有所欠缺。

有趣的是,在疫情肆虐的 2020 年春季,当学校悉数停课,绝大部分孩子在家学习时,世界各地的许多家长都发现,与上学的时候相比,孩子们的压力得到了缓解,变得更加快乐、更有创造力。彼时,父母们努力地指导孩子学习,却发现很难维持严格的纪律,让孩子端坐着学上一整天,不过也亲眼见证到,当孩子们按照自己的节奏和兴趣学习,效果要好得多。

父母不要太看重自己

当今社会中的成年人在与孩子相处时,往往过于高估自己的重要性。我们总认为自己是孩子生活中最重要的人,事实也的确如此——孩子深爱着我们、需要我们,但我们必须时常提醒自己,在这幕戏中我们不是主角。单凭我们一己之力,远无法让这个世界运转——我们应该是隐于幕后的影子,是静静待在舞台两侧核查剧本的提词人。

家庭外部的人——朋友、亲戚、老师及其他成年人,都会对孩子产生重大的影响。在夏山,我从孩子们的表现中见证了这一点,他们如何对社区里的成年人和大孩子做出回应,并逐渐与对方建立起深厚的感情。我认为每个家庭都应该引导和鼓励更多生活圈外围的成年人和大孩子以个人身份深入地参与进来,这不仅能丰富我们与其他家庭和亲友分享生活的经历,更能消除一些小家庭终日共同生活可能产生的窒息感。遇到难题时,让直系亲属以外的人出来调解矛盾、解决分歧,也会很有帮助。

永远不要害怕向你爱的人和爱你的人寻求帮助——只要确保他们理解并尊重你在育儿上的期许。说来有趣，即使家人们都强烈反对你的教育方法，他们也可能发现一些于你有帮助的东西，为当下提供灵感。别因为哈罗德舅舅是个固守成规的退伍军人就忽视他的意见，千万不要让自己的偏见干扰了对好建议的判断。

让大孩子参与进来也会很有帮助，无论他们是不是你的直系亲属。就像夏山的监察员，他们会在年纪较小的孩子发生口角或争执时从旁协助。他们富有同情心，且不会将私人感情带入其中。这有助于将深厚的个人情感联系从一些非常情绪化的场景中抽离出来，让事情回归理性的正轨，也能摆脱家庭中不好的过往经历造成的妨碍——"你从来都不听我说话"或是"你总是这么对我说"。我敢肯定，大部分年纪大一点的青少年都会很乐意接受这个邀请，去和一个生气或困惑的 12 岁孩子随意地聊聊天，这可能会带来难以估量的好处。

千万别忘记，孩子们理应拥有一个真正的童年。在这件事上，他们并不需要什么帮助——只要有足够的时间和空间，没有成年人围在旁边不停地想挤进来，孩子们自己就能够做到。

和孩子相处不好的父母常常会寻找其他借口来解释亲子矛盾，比如身体状况或行为转变期，等等。我在夏山与形形色色的成年人和孩子共处了许多年，以我的个人经验来看，这应是我们最后考虑的因素,而非首选。一般来说,如果一个孩子异乎寻常地捣蛋或总是很不开心,其根源可能在于后天养育,或是后天与先天的共同影响,但不会完全是先天的问题。

当然,我绝不是在质疑许多被诊断出的病症的存在,如注意缺陷多动障碍(ADHD,也叫多动症)、表现特征差异很大的自闭症谱系障碍(ASD),这些都是最常见的。但我们需要做的是减轻这些问题的影响,而不是深陷于医学诊断之中。

我见过许多孩子,但更多的是家长,他们把病症作为不良行为的借口,而不去努力解决问题。

一旦孩子认为自己无法做出改变,那么对他们而言,疾病反而是个更容易接受的选择。面对许多难以克服的问题,疾病能帮他们开脱,最后演变成逃避,这在许多家庭中都很常见。这也会导致整个家庭都灰心气馁,父母感到挫败,孩子则觉得自己是个受害者,因而无法掌控自己的生活,尤其是在他们经常约见医生的情况下,孩子会在很多方面都感到束手无力。而对某些父母来说,孩子的疾病甚至会变成某种程度的身份象征,仿佛值得大肆宣扬——这大错特错,正确的做法是平常看待、低调处理。不管发生了什么,看在老天的分上,千万不要一直谈论个不停!有趣的是,许多孩子来夏山待了一阵子之后,会不再像先前那么看重诊断结果。他们可能会在短期内寻求心理咨询师的帮助,但很快就会想要自己解决问题,并推迟后续的咨询课程。

我们并不擅长在犯错之后站出来承担责任，整个社会都是如此。如果你告诉某人，他可能在养育孩子的问题上犯了错，也许他就再也不会跟你说话了。细想之下，这实在很荒谬。我们都是第一次为人父母，当然不可能每次都做对。想想你在学开车、下厨或写作的时候犯了多少错。

在涉及育儿方法与知识时，我们应该更加谦逊，一旦效果不佳，随时准备好调整方向。很多时候，仅仅改变方向就足以使事情步入正轨。

有趣的是，早间电视节目的一项调查显示，今天的社会有一个根深蒂固的认知：如果一条狗有不良行为或有某种神经质的倾向，那么问题主要在于主人；而如果一个孩子显现出某方面的障碍，那通常是由于先天因素，需要专业人士来处理。

如果一个孩子不开心或持续表现出不当行为，那么我最先提出的问题是："我们在家里对孩子做了什么，才可能导致这种问题？"

我们必须想办法打破子女教养的污名化。我们应该从心底认识到，犯错也没关系。一旦发现可能出了问题，那就耸耸肩，撸起袖子开始干吧，努力让一切恢复正常。

送给所有父母和孩子一句话——"父母也有权利！"

父母们下班后不必急于赶回家，或是匆忙从学校接回孩子，然后立马费尽心思为他们打造一个趣味盎然的环境。父母无须确保孩子每餐都吃得健康，也不必担心孩子在没人照看的情况下去户外玩耍，更不必禁止他们无所事事地消磨时光——千万别这么做。父母不需要提供什么益智的消遣活动，带孩子去上芭蕾课、游泳、见朋友，或是对他们做的每一件事都表示赞赏和感兴趣。最重要的是，父母不用有意拉孩子来深度对话，时刻准备启发和激励他们。

这会让孩子也非常疲惫，他们多半更愿意自己一个人待着，做些想做的事情，不被打扰。对于疲惫的父母而言，这也远远超出了他们的职责范围。稍后我也会谈到，我坚定地倡导平和、安宁的教育观。孩子们需要一个平和的生活环境，免受成年人可能过于频繁地传递出来的焦虑和刺激的烦扰。作为父母，我们总是说得太多，喋喋不休地谈话、讨论。孩子可不喜欢这样。他们很少主动去讨论什么，除非选择了他们感兴趣的话题（比如北极的人怎么上厕所），在这种情况下，我们一听就会明白，这绝不是我们想参与的那种谈话！孩子也需要学习如何自己消遣，独立解决生活中的小问题。

所以，为什么不放松一下，喝杯好茶，让大家各忙各的呢？这样一来，生活肯定会更加安宁和谐！

寄宿：独立生活的开始

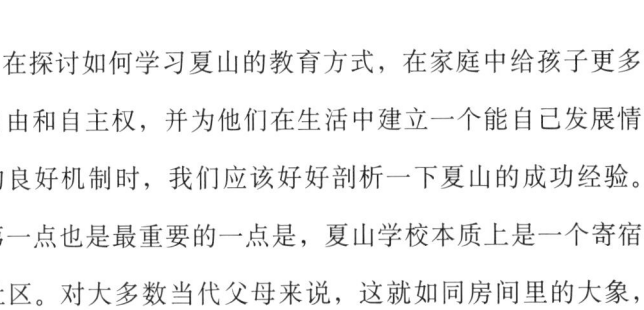

在探讨如何学习夏山的教育方式，在家庭中给孩子更多的自由和自主权，并为他们在生活中建立一个能自己发展情感的良好机制时，我们应该好好剖析一下夏山的成功经验。而第一点也是最重要的一点是，夏山学校本质上是一个寄宿制社区。对大多数当代父母来说，这就如同房间里的大象，简直无法想象。一想到自己的孩子大部分时间都不在身边，再加上对"寄宿学校"陈腐的传统印象以及有关的一切，家长们就震惊到了极点。

那么，我们就来看看这头"大象"吧。

首先，我们得承认，夏山的学生都很爱寄宿生活。一般来说，孩子们直到六七岁，而且在做好准备的情况下，才会开始住校。在那之前，他们只会白天来上课，每天上午9点至下午5点。接下来他们愿意的话，可以过渡一段时间，每周在学校睡几晚，直到孩子和父母都对寄宿生活感到舒适、自在。孩子们每学期有3个周末可以回家或离校和朋友们在一起，固定假期包括两个独立的一个月假期加上8周的暑假，也就是说，孩子们全年有4个月加（可能的）9个周末不在夏山度过。

问问从夏山毕业的学生们，不论哪一届，他们都会说，寄宿对他们来说是最重要的体验之一。在学校的民主制度之下，假如出了什么错，总会有经验老到的成年人和其他学生来给予支持和帮助，寄宿这种生活方式让他们自己成为社区的主人，收获独立生活的能力。孩子们偶尔会想念父母，这是天性使然，但这份想念不会产生太深远的影响。事实上，这些孩子已经成为自己生活的主角。他们选择待在学校，成为夏山社区的一分子。这能够培养他们作为个体的内在力量，因为每个孩子来到夏山学校的唯一途径，就是自己的选择。同在学校的人们组成了他们的村庄、部落和家庭，大家一起过着如从前祖先们那般的日子，拥有相同的亲友长辈、兄弟姐妹和朋友。

那么，记住这些，再看看当孩子在家时，我们该怎样把这种自主与平和带入他们的生活。首先，我们要探究清楚，夏山的寄宿生活究竟特别在哪里？

我们的社会普遍认为，让孩子远离父母是一件负面的事情，在很多情况下，这种观点确实没错。但我也遇到过许多从传统学校走出来的成年人，他们觉得在学校寄宿的经历特别愉快，感觉度过了一个美好的童年。更重要的是，我们要好好考量孩子们离开家之后，所处的生活环境是什么样的。

孩子们可以在没有父母陪伴的情况下独自参加夏令营吗？能否和朋友待在一起、相处融洽？或者去和祖父母住一段时间，这样可以吗？你会发现，我们讨论这些的思维方式和讨论寄宿时完全不一样，我们不会觉得这是在将孩子从家庭的怀抱中夺走，送到类似济贫院的地方——在现代社会视角下寄宿学校就是这种形象——而更多的是在让孩子自行选择，去往一个能满足他们生活需求和期望的环境。无论如何，这不会牵扯到父母与子女之间爱的程度，也和孩子待在家里是否开心无关。

首先，孩子们离开与自己联结最深的父母，这看似是劣势，其实不然，它会形成一股巨大的力量。孩子们身边依然有成年人在关爱、照顾着他们，保护他们的安全，但这些成年人并非他们投入情感的对象，不是像父母一样对他们最重要的人。

因此，孩子们不会像和家人那样，与这些成年人产生紧密的联结，也不会怀有义务感和期待。这意味着孩子们可以过好自己的童年，而不必觉得必须满足自己在乎的人所设下的某些标准。孩子与父母之间有着很强的联结，即使没有被要求，或是在毫无必要的情况下，孩子也可能对父母抱有义务感，我们不应低估这一点。

相较于与成年人在一起，孩子们更渴望和其他孩子为伴。

他们想和其他孩子玩耍、交往，其渴望程度是我们大人很难真正理解的。如果这种需求得到了满足，那么实际上，他们与最爱的亲人相处的需求就不再如我们想象的那般重要。当然，这有一个重要的前提，那就是孩子与家人间的关系良好，对家人充满信任，知道家人永远会在身后支持自己。现在，再次总结一下我们从中学到的：让孩子们离开自己信赖和依恋的家庭，恰恰是因为他们需要与最爱的亲人保持适当的距离。

在孩子们慢慢适应学校的过程中，我在他们身上观察到了一种轻盈感，就好像脱下了什么厚重的衣服。

我并不是在暗示这是因为他们与父母的关系消极。事实并非如此，出现这种情况，不是因为父母给孩子施加了沉重的压力，也不是因为孩子背负的期待太高，尽管显然易见，一些家庭中确实存在这种情况。

我并非在建议或期望人们将孩子送到寄宿学校。我想表达的是，我们往往意识不到，和自己深爱的人、和与自己整个人生密切相关的人生活在一起会产生多少制约性的影响。我一次又一次地看到，孩子们背负着对父母的巨大责任感，当家中发生风波时，他们总会拼尽全力去修补。有时候，孩子会说自己想离开学校回家住，多半是因为父母相处不睦，而孩子误以为自己应该回到家里帮忙解决问题。我们需要认识到，这种期待不是来自大人或社会，而是孩子自己。

放下期待

许多路过夏山学校的人可能会想,虽然这所学校的理念不错,但肯定还有什么值得提升的地方。确实,任何东西都存在提升的空间,但如果你是在谈论整个教育体系,而它已经用同一套方法运作了100年,其中每一部分都紧密相连,那么你得非常小心,以免抽出底部支撑的砖头。毕竟它只是一块很不起眼的砖头,你可能看不到它在整个体系中的重要性,可你会发现,一旦没了它,其他部分便会开始坍塌!

举个略微极端的例子,一些政府督学会定期视察夏山学校。他们来了之后,通常能在夏山找到许多他们深深喜爱的地方——学生们的自信、创造力、自我激励以及他们的公正和敏锐。你几乎能看见督学们高兴得摩挲双手。他们也许在暗自思忖:"现在,只要我们能在这套体系中加上必修课,就完美了。"

毫无疑问,他们错了,大错特错,错得危险。这所学校之所以能成功帮助孩子们成长为现在这样自信的人,在众多原因中最重要的一点就是,他们不是必须要上课。

很多事情可能看上去微不足道、无足轻重,但实际上却是全局中至关重要的部分。如果刨去一些,就会让这个精妙的体系不再完整。

我们与孩子之间的关系,孩子对学校的主人翁意识,他们的专属区域,他们的朋友,社区的成年人,他们做自己的自由,以及社区极少施加评判,这些都是让一个孩子成长为独立个体所必不可少的因素。

尽管社区几乎不会评判孩子的个性,但对于个体行为依然有着较为严格的标准,而且会进行明确的规定。没有人会在乎你是否穿着异性的服装,或者行为不同寻常,但是,如果你的行为已经到了难以容忍的地步,破坏了学校的规则,或者让他人感到不适甚至痛苦,社区绝对会加以严肃的警告。

学校民主会议极少会对越矩的行为做出让步。处罚尽管比较温和,但公正合理。如果情节非常严重,处罚也会变得相当严厉。

夏山的孩子们来到这里,是为了拥有自己的生活,用奥利弗·克伦威尔的话来说就是"不论好坏,统统接受"[1]。他们不是为了父母或家庭,而是为了自己。这也是父母为孩子选择的,

---

[1] 相传,英国17世纪资产阶级革命领袖克伦威尔,曾要求画师在给自己绘制肖像时不要美化,而要真实地反映其外貌,"包括所有的瑕疵"(warts and all),后来意指全盘接受。

为确保孩子能过上这种为自己而活的生活，他们可能做出了许多牺牲。

孩子们都知道，"外面"意味着去上学，每天学习课程。他们可能已经对不上课这件事感到不安了，因为"外面"的规矩是强制上课。

无论学习还是不学习，夏山的学生都需要有这样一个地方，能让他们保持心态平和，对自己做出的决定充满信心。如果感到有压力，即便程度较轻，他们也会做出反应。他们可能会在脑袋里给自己编些理由，类似"课程太简单了"，或是"我不知道该怎么获取自己想学的东西"，又或是"老师们太垃圾了"，等等。他们可能会感到愧疚，而这会影响他们在学校的日常生活，让他们产生焦虑情绪，有时还会生出怨恨和愤怒。

身处主流教育中的孩子也会发现父母们抱有相同的期望。他们知道自己在学校应该表现"好"；他们不停地经受着各种考试和评估。这对某些孩子来说几乎难以忍受，尽管他们不一定能意识到究竟是什么让他们如此焦虑。他们想要讨好自己的父母和朋友，想要"追赶"其他同龄人，他们也知道社会对所有年轻人共同的期望标准——通常会想象其他人都比自己优秀得多。当然，他们也害怕自己跟别人"不一样"，这容易招致欺凌。

很多时候，家人仅仅是对孩子的日常生活表示关心，也会给孩子造成压力。孩子从学校回到家中，大人们会很想和他们交流一下学校的生活，问一问他们过得怎么样，都做了些什么。这只是出于好奇，是一种表示礼貌和沟通意愿的方式，就像我们在生活中也会和其他成年人寒暄一样。

你可能觉得自己只是以家人和朋友的身份问一问学校的生活，表达关心和兴趣，但对于孩子来说，这些问题可能承载着沉甸甸的期待，让人备感压力。这会影响他们的生活，因为孩子察觉到了言外之意，会觉得自己应该在课业上取得优秀的成绩，或者特别享受学校的生活，比如喜欢舞蹈课或是踢足球，而实际上他们可能一点都不喜欢，也不享受。

或许你可以换位思考一下——如果孩子问你：今天过得怎么样？该买的东西都买好了吗？弄脏的厨房地板清洗干净了吗？今晚打算喝几杯红酒？这个星期赚了多少钱？听到这些问题，你的感觉如何？

所以，或许下一次孩子回家的时候，不管他们是放学归来、出去见了朋友，还是就在楼上玩耍，你可以试着和他们聊聊天气……

要想从夏山的教育模式中吸取经验、融入家庭和学校，我

一天的学校生活结束后,你的问题中常常隐含着某种期待,会让孩子感到有压力……也许可以换个角度来看待。

们需要想办法让孩子产生强烈的团体意识和主人翁意识。我不想一再重复这一点，但要实现这一目标，我们得让孩子拥有独处的空间。回想一下我们对孩子的那些期望吧，看看我们在孩子身上施加了多少压力，却对自己一直以来的所作所为毫无察觉。

　　面对孩子时总是敏感、情绪化，这是个很难改掉的毛病，但我们必须纠正。我们必须停止给予孩子过多的帮助，不要表现得太过自豪，或是过分保护孩子。我知道这些要求听起来很严苛，但我的目的并不在此。我的意思并不是应该冷漠地对待孩子，吝啬爱意与赞扬——那样只会让我们犯下和维多利亚时代的健康改革家特鲁比·金①一样的错误。我想表达的是，我们需要仔细审视自己的情感特质，了解自己内心的意图，弄清楚其中有多少是关于我们自己、出于我们自己的感受。我们要学着保持距离，别让自己的情感遮蔽了问题。家庭教育中的最大问题之一就是我们没法跳脱自己的角色，让孩子从零开始，给予他们应有的尊重，也让他们从中获益。

---

① 新西兰内科医生，主张实行严格的每四小时一次的婴儿喂养制度，并提出了一种育儿方法，确保孩子对父母生活的干扰最小化。特鲁比称，婴儿和母亲应"按时生活"，导致当时许多母亲只能坐在楼梯底下哭泣。母亲们胸部胀痛、乳汁溢出，宝宝们则因饥饿和痛苦而哭号不止，但她们能做的只有盯着时钟缓慢转动，艰难地熬过特鲁比·金喂养制度规定的四小时间隔。——原注

自我管理

对夏山的成年人和孩子来说，自己立规矩、做决定，并非什么不寻常的事。夏山社区一周会开三次大会，每次花一小时讨论学校的各项事宜，听取投诉，对大家提出的议案被诉方给以相应的惩处，这被称为"处罚"。通过这样的经历，孩子们会变得自信、宽容、思虑周到，也会慢慢习惯聆听他人的观点。

学校大会是轻松友好的，同时也是严肃的。我们没有正式的评判体系或章程，只是所有人聚在一个房间里，遵循一套经过多次试验的流程。

夏山的自治体系——也就是自我管理体系——宛如一台运转良好的机器，自1921年学校创立以来，一直遵循着同一套程序。每个来到学校的孩子从第一天起就会加入这个体系中，开始学习民主和决策的过程。这样就能保证，在成年人和孩子的共同治理下，夏山始终是安全而有组织的，不会缺乏纪律、混乱失序。

社区会管理一切日常事务，比如就寝时间、起床时间、垃圾处理规定、安全条例等等。夏山的规定约有400条,可能比其他任何学校都要多。规定涉及方方面面,有时还会有点复杂。孩子们会在大会上控诉某人的不良行为,比如恶作剧、偷窃或者其他统称为"骚扰"的行为。夏山几乎不会发生真正意义上的霸凌,因为事情在发展到那个地步之前就会被示之于众。公开谈论这类问题没什么羞耻的,社区里的每个人都明白,如果有什么事让他们感到困扰,他们有发声的权利,也有被聆听的权利。他们也明白,我们会公开、坦诚地谈论这些不端行为,不久后,在自己被控告做错事的时候,他们便会坦白承认。错误本身可能不是什么大问题,但最好还是开诚布公地聊一聊,别让内心的羞愧感一直萦绕不散。

会议让犯错的人和受害的人都有机会走出来,这对双方来说都十分重要。

处罚的方式多种多样,会依据所犯的错误而定。比如在午餐排队时闹出问题,会被实施"排在所有队伍末尾"的惩罚;如果没有使用签退系统,会被要求两天不能离校;如果在非允许时间使用了电脑或电视,可能被施以两天的电子产品禁令。

会议选出了许多委员会来处理学校里的各项事务。就寝管理员负责敦促学生晚上就寝、早晨起床,维持宿舍安静,如果有人不遵守规则,他们可能根据情况给出电子产品禁令或游泳课禁令等处罚。

监察员能够及时地帮助学生们处理问题，帮助年幼、内向或非英语母语的学生在大会上提出议案。只有拥有夏山生活经验的人才能担任这一职务。

如果离开夏山这个环境，有什么能够运用到普通家庭的日常生活之中呢？

我们无法召开同等意义上的民主会议，一方面因为普通家庭没有足够多的参会人，另一方面也因为参与者的关系过于亲近，会议很难严肃地展开。

我已经尽力描绘出我们学校大会和自治制度的运作图景，我们会互相提出议案，很多情况下会对犯错者施加惩罚，以此为受害者主持正义，也防止未来再次发生不当的行为。如果在家中如法炮制，也许能消除家庭中存在的成人与儿童之间的权力冲突，看起来似乎不错。但实现起来有难度，因为这种会议模式并不适合小家庭环境。或许唯有夏山民主程序中的精神才能真正给个体家庭带来启发。

就个人而言，我一点也不想惩罚自己的孩子，或是对他施以"处罚"，哪怕这是家庭会议商定的结果。而在夏山的学校大会，情况则完全不同，这无法完全复制到家庭中。处罚孩子会改变你们的亲子关系，你们之间不再是平等、均势的。孩子会因此生气，并自然地认为这是对自己的否定。但这并不是说，孩子在家里就可以为所欲为，而是父母采取任何行动的直接原因应基于孩子的行为，而非以惩罚为目的。举个例子，当你需要对某个问题采取措施，比如孩子制造了太多噪音，打扰到邻居。对于年幼的孩子，你得找到一种方法彻底避免问题的发生，因为他们实际上并没有约束自己的能力，年纪太小了。而对于大一点的孩子，可以大家一起聊一聊，想想不同的解决方案，比如约定时间、限制游戏时长，或是和邻居谈一谈，找出问题的关键所在，看看他们希望如何处理。或许只要每个人都退一小步，事情就能愉快地解决。

对于更直接的行为，比如把家里弄得一团乱、吵吵闹闹，我认为处理方法也是一样的。对年龄小的孩子，要从根源上避免问题的发生，对年龄大的孩子，则应一起讨论解决方案。如果家里的孩子有大有小，需要两者兼顾。我说的年龄小的孩子，大约是7岁以下。再大一点的孩子，你就得给他一些商量的空间，两边都需要做出妥协。比起去扮演警察、给孩子开罚单，双方达成一致、互相理解更有价值。一定有一些事情能让所有家庭成员都参与进来，可以讨论一番，相互出出主意。我也会很谨慎，不会让孩子参与到每一个家庭决策中。只要孩子感到你尊重他们，尊重他们的想法和观点，你就会发现，许多家庭决策他们都不想参与，也应该如此。我们不是在打造缩小版的成年人，而是要让孩子在自己的生活方式里拥有那一份掌控感和认同感。

夏山的大会需要定期召开，因为整个社区大约有100人（通常是70名孩子，30名教职工），总有事情需要交流和探讨。不过，在家里定期召开会议可能有点刻意。最好在大家都觉得有必要，并且乐于讨论的时候再召开。

永远不要害怕与孩子坦诚相待。告诉他们你的担心和忧虑，这与对他们有所期待不是一回事。你需要坦率而直接地对待家庭中的所有人，这很容易做到，只要敞开心扉即可。确保你们讨论的话题适合孩子的年龄和理解力。你也要暂时放下自己的担忧，倾听不同的观点。这对你来说可能有难度，尤其是如果你在成长过程中没有受过这种教育。好的家庭教育就是要善于自我审视，审视自己的动机和焦虑，并尽最大努力不影响孩子。

以电脑游戏为例，我会考虑和孩子好好讨论，明确表达我的担忧——"我不喜欢你整天玩网络游戏，原因是：你缺乏锻炼（你需要锻炼的原因），你变得孤僻了（我不满意这一点的原因）"，等等。但在讨论过程中，也需要积极地倾听孩子的观点。

根据我的经验，孩子对这类谈话的接受度很高。他们真的会理解我们的立场，并主动寻找一个良好的折中方案。或许在学校放假的时候，他们会在一周左右的时间里尽情释放，整天玩游戏，但在那之后，某种自我管理的期待便会爬上心头。在这方面,夏山的时间安排非常有效。平常下午4点之前以及就寝时间之后不能玩电子产品,但周末只要在睡觉前都可以玩。显然,这只是一个粗略的建议,但我们能从中看到,家庭中类似的情况可以如何妥善处理。

平等的关系

"第一次来夏山,和这里的孩子们聊一聊,当即就会感到诧异的是,男孩和女孩没什么差别。这一点很重要。这里说的差别不只是发型和牛仔裤。夏山的女孩们非常自立,男孩们关心他人;女孩们冷静坚韧,男孩们则温和有加。没有男孩会发出那种轻描淡写又根深蒂固的论调:'我是男性。'他们的态度是充满关切、友好而大方的,他们的肢体不会时刻紧绷、富有侵略性,而是带着信任的姿态。当你听到他们的名字时,你会感到吃惊并开始好奇,外面的孩子们究竟从多小就被灌输传统的偏见。还在摇篮里,他们就被抛到了性别之线的某一侧,这条界线不可逾越,让他们彼此相隔,也割裂了完整的自己,徒留一股永不消弭的愤怒。曾经,在一次进步学校会议上,人们热议如何才能让男孩女孩保持距离,当尼尔被问及意见时,他说:'你们怎么不干脆拉一道带刺的铁丝网呢?'"

——约翰·沃姆斯利摄影，莱拉·伯格[①] 撰文

《尼尔与夏山：一个男人和他的事业》

我们的社会正在努力创造性别平等，动机完全正当，但努力的方向却彻底错了。我们只是在给问题贴上橡皮膏，而不是在真正地解决问题本身。不再让小女孩听英俊王子亲吻公主的故事了，这就是极端的橡皮膏之一。另一种橡皮膏是改变事物的名称，让它们听起来不那么"男性化"。女渔夫、女消防员，当然可以用尽办法修改名称，却不能指望这就能让社会变得更加公平，或是培养出更多强健、自信的女性，因为确实不能。

英国知名女性国会议员芭芭拉·卡素尔曾说："我不在乎你们叫我女主席、主席还是男主席——只要我坐在主席这把交椅上就行。"这句话总结得很漂亮。无论你告诉别人多少次，说你很强大、和其他人拥有平等的地位、一样优秀，都不太可能有实质性的作用，除非他自己真正地感受到。

这并不仅仅关乎性别平等，也涉及不同性格、信仰、性别和肤色的孩子如何看待自己，关乎他们的自信和自尊。不容许男孩成为温和的人、成为体贴而敏感的人，是一种延续了几个世纪的男性歧视。"男孩别哭，像个男人一样！"我们都听过

---

①Leila Berg（1917—2012），英国童书作家、教育活动家，以对传统教育的批判和儿童权益的倡导而闻名。

这样的话，这很可耻，也是社会的一大污点，但我们依然在任其发生。

最近，我看到一个6岁的女孩在夏山的民主会议上提出了一个议案。在一间约有60人的房间里，大多数人的年龄都比她大得多，这个小女孩举起手，请求提出议案，而后安静地坐着等待。

主持人叫到她的时候，她自信地陈述道，一个女孩对着她5岁的朋友大声尖叫，把朋友吓哭了。议案经过简短地讨论，大家投票决定处罚方式，最后犯错者受到了禁止霸凌的"严重警告"。

这个小女孩已经明白，她和别人一样优秀，她的议案会得到聆听，她在社区中有其价值，拥有和其他任何人同等的权利。她并不是什么早熟的大小姐，习惯了事事如意，而是一个可爱、冷静、坚强的小姑娘，她会穿带花边的粉色女孩装，有时还会看公主电影。

这是至关重要的，关乎孩子们学会相信和尊重自己，知道自己作为人的真正价值——不是作为某个特定的种族或性别，而是作为坚强的个体，他们可以不受压抑地袒露情绪。

人人地位平等、真诚以待、敞露心扉，这是夏山的常态，生活在这样的环境里，学生们能自然而然地获得较高的情商，而在许多工作环境里，这一特质已经越来越受青睐。等到离开

男孩别哭,像个男人一样。
社会容不下温和、体贴、敏感的男孩和男人,
这很可耻,更是其一大污点。

学校，学生们会拥有出色的个人技能，以及沟通、协商和让步的能力——无论选择哪条人生道路，这都是必不可少的三种基本素养。除此之外，经过在社区的生活，夏山的学生在面对他人的问题时有着很强的理解力和共情力。

正如莱拉·伯格所说，夏山的男孩们都拥有温柔的灵魂，他们关心身边的女性，能够坦率地对待自己的情绪。当英国教育部派遣督查小组，想看看夏山的孩子们有没有被男女混合走廊（与英国学校的规矩相悖）荼毒时，我们请一群刚刚离开夏山前往大学的毕业生和他们分享了与异性近距离相处的个人经历。所有毕业生都认为，这种经历对他们的情感和行为方式产生了难以置信的强烈而积极的影响。遗憾的是，男孩们紧接着谈到，他们去了两所不同的大学，却都在新结交的男性朋友身上发现了极为严重的偏见和性别歧视，尽管这些朋友在其他方面都挺不错。那些男孩对身边女孩的歧视程度、冒犯性的玩笑、污秽的话语以及对待异性的基本态度，都让他们大为震惊。

有趣的是，我们讨论社会上各种各样的歧视，却从未关注几个世纪以来男孩们的糟糕处境，他们一直被灌输要变得坚强，被迫压抑着内心天然的同情和温柔。

这种观点控制着他们的情感，促使他们用无礼乃至轻蔑的态度对待女性。这对各年龄段男性的情感都造成了巨大的伤害——而现在，社会和教育所强加的性别态度却好像要把全部责任算到他们头上。

我并不是说青少年就应该纯洁无瑕——两性之间难免会讲一些粗鄙的话，经常带着点戏谑或暗示的意味。只要这种行为是平等的、有趣的，没有欺负任何人，那么它就是孩子成长为性意识成熟的大人的正常过程。

夏山每周三次的校会能够让孩子们理解自己作为个体的重要性，让他们看到，自己的参与会如何影响整个学校社区。

我们会确保给予孩子们与其他人同等的尊重，由此，他们会逐渐培养起自信，感受到平等。作为父母，你不必担心公主被英俊王子亲吻的情节或是年轻英雄必须强硬阳刚的刻板印象——一代代强大的女性和温柔的男性都是看着这样的故事长大的，只要孩子在家庭中拥有能够展现力量、同情、领导力、善良和爱的行为榜样，灰姑娘和超人就不会对他们造成负面影响。

夏山社区的成年人自然地承担了照护者的角色，并且认真地履行着自己的责任——同时也努力不去破坏他们与学生之间关系的平等性。正是这种真正的平等帮助孩子们培养了自信心和自我价值感。

我们该怎样把这种平等移植到家庭中呢？我认为，我们能做的第一步就是用尊重、坦诚的态度对待孩子——用那种我们期待从其他成年人那里得到的尊重。我们在与孩子交谈和相处时必须秉持非常高的标准，同时心中明了：孩子就是孩子，我们不应该对他们有超出年龄和能力的要求。我们和孩子之间的互动应该是好玩、有趣而暖心的，有时可以相互开点友好的玩笑，但在必要的时候也能严肃起来。我们要认识到年幼的孩子在感知和理解力上的局限，据此为他们创造适宜的自由。

即使是夏山的孩子们，有时也惹人讨厌（还是说我给你留下了他们都是完美圣人这样的印象？）。他们会制造混乱、会吵架、会变得难以相处，尤其是在就寝时间之后，他们还会悄悄走动（就像一群大象），吵得你无法入睡。

我是一个现实主义者，从不生活在幻想中。我知道我们成年人有时会失去理智，对着孩子愤怒地吼叫。重要的是，要能接受我们犯下的错，并勇于承担后果。我们都不是超人，照看小孩子有时是会让人濒临崩溃。承认你的行为，如果内心感觉很糟糕，这很正常。但一定要保证，不管多生气，你绝不会越过底线，不会出现恐吓、威胁的行为。孩子们通常能识别那种直白的愤怒本身，除非他们曾被成年人威吓、惊吓过——那不在本书的讨论范围内。

我们必须让孩子感受到，他们的生活在自己的掌握之中，这需要我们尊重孩子的观点，允许他们意见相左，给予他们一定的选择权和控制权。要始终记得，在和孩子谈话的时候，保持你能给予最好的朋友的那种克制和尊重，我们也经常和朋友们持不同的观点，不是吗？当然，你可能会有点生他们的气，但要尽你所能保持尊重。你需要跳出成年人与孩子谈话的惯用方式——如果这样的谈话场景在你眼前上演，仔细观察就会发现，这种方式通常意味着在小孩面前摆出大人的架子说教，或是居高临下地施以友好，两者糟糕的程度不相上下。

我认识这样一个女孩，她当时是学校的新生，有点我们常说的"被家里宠坏了"。她习惯说些俏皮造作的话来迎合成年人，以吸引他们的注意，给他们留下深刻的印象。女孩大概9岁，刚来学校的几周她经常来找我，在我面前"展示自己"，有点想制造惊喜的意思。一段时间后，我不得不礼貌地告诉她，我并没有被那种行为打动，我更愿意她真实地做自己，希望她能来找我进行一次愉快而正常的谈话。她似乎受到了不小的冲击，但我确实已经尽力不让她感到被羞辱。很快她便不再装模作样，从那以后，我们之间有了更多正常而友好的谈话。

我知道很多成年人可能会认为我说出那样的话实属不太妥当，但我并没有吓到那个女孩，也没有羞辱的意思。事实上，她那种幼稚的行为确实让我感到很不愉快，所以我觉得告诉她我的真实感受是正确的选择。

当孩子打电话给家里，说自己过得不好的时候，一些父母会不知怎么办才好。孩子可能是因为想回家，觉得食堂的饭菜很差劲，或是与朋友相处困难。有时，这种情绪会成为常态，家长会认为这是"想家"。我们经常跟父母们说要与学校保持联系，因为我们能够看到孩子们在日常生活中的真实状况。

当查实一切安好，我通常会建议父母去和孩子面对面交流，因为每天在电话里听他们倾诉苦闷，着实令人煎熬。这不仅仅关乎你、你的孩子，也关系到我们，关系到你的家庭。坦率地和孩子沟通吧，试想如果你整天对我哀怨哭泣，我会是什么感受？我们决定让你去夏山学校，而你也十分赞同，因为你在之前的学校过得并不开心。所以，抉择一下吧，如果你想回家，回到之前那个问题重重的学校，那我们就那么做；但如果你想继续待在夏山，那么看在上帝的分上，拜托你坚持下去，练习掌控自己的生活，别再向我们抱怨。

我知道，对此肯定有很多人会举手反对，但如果我们是在谈论平等，那么有时就必须直言不讳。问题在于，大多数父母觉得自己应该陪在孩子身边支持他们，始终给予同情和关爱。可有时候，有些话非说不可，哪怕听起来有点刺耳。

在家庭中，这类情形也时有发生。当事情不尽如人意时，作为父母，我们已经习惯于倾听孩子连连的抱怨和哭诉。我坚信，在一段平等的亲子关系中，也必须给父母留有理解和尊重的空间。显然，这一切需要依孩子的年龄适当调整。一个5岁的孩子哭了，需要父母给出的反应肯定与12岁的孩子不同。不过，即便是5岁的孩子，也可以用清楚直白、简单明了的方式让他明白：总而言之，生活不可能总是围着你转，我也是人，我的幸福同样重要。

在另一个关于平等的故事中，甚至我也为自己对小孩子的认知而惊讶。当时我正在排队买午餐，留意到队伍里有一个5岁的小女孩。旁边有一群大点的男孩，年龄在14～16岁。他们吵吵嚷嚷、互相推搡打闹，但还没有到影响我的地步（如果那样我就会出面阻止他们了）。然而，我一直观察着那个小女孩，担心她可能被吓到，因为那些男孩的声音很大，身形对她而言宛如巨人。可她就安安静静地站在那儿。我们排到队伍前面时，男孩们刚取了餐，规规矩矩地端着食物朝餐厅走去，找了一张桌子坐下来用餐。小女孩就跟在我后面。

我进入餐厅时，刚好就看见这个瘦瘦小小的女孩，她正全身散发着自信，拿起餐刀和叉子，环视四周寻找可以落座的地方，接着径直走向了那桌闹哄哄的大男孩。我既讶异、惊奇，又感到万分欣喜。我误判或者说臆断了女孩对那群粗鲁少年的看法。她显然觉得在他们身边很安全，乐意在他们的陪伴下享用午餐。多么令人愉快的场景！这就表明，对于孩子们以及他们看待事物的方式，我们需要不断更新自己的观点和假设。

充分的自由

谨告全世界的孩子们——"确保你们的父母在忙着过好自己的生活"——这样你才能自由地享受人生,应对自己的挑战。

在这个问题上,我们必须准备好跳出原有的思维模式。给予孩子自由,意味着要给他们"摆脱的自由",这一点与"自为的自由"[①]同样重要,甚至更为关键。这的确是个相当复杂的问题,可能需要你真正静下心来好好思考一下,这种自由对你来说意味着什么,你对教育抱有怎样的观点,以及它会对你的家庭产生怎样的影响。

简单来说,当大多数孩子完成主流教育,也许就是他们离开家上大学的时候,做决定会开始成为他们生活的一部分,而他们实际上完全没准备好。这不是揣测,而是事实。在传统教育中,以及在许多家庭里,孩子们并不参与决策的过程,也没

[①] 摆脱的自由(freedom from,即消极的自由)意指摆脱限制和束缚,强调消除外界阻碍个体发展的因素;自为的自由(freedom to,即积极的自由)则关注追求目标、自我实现,强调个体拥有选择与行动的自主权。这两者构成了自由的二元论。

有什么平台可以练习如何做决定。

做决定其实和其他事情一样,也是一件熟能生巧的事情。我敢肯定,我们都曾为自己人生中做过的某些错误决定而悔恨不已。

在日常家庭生活中,对待自由的一个良好参考准则应该是:它会不会破坏什么,让任何人不快,造成危险(真正的危险,不是想象出来的那种),或者让你难以忍受?如果它不会导致上述情况,那么就"发出屠杀的号令,让战争之犬四处蹂躏"[①],后退一步,享受其中吧。有时我们觉得不太行的事,结果会获得巨大的成功,有时候则恰恰相反,我们可能需要以果断的魄力及时介入,确保在出问题之前迅速刹车止步。

在夏山,我们有一个地方叫"黏土丘"。它位于校务处旁边一块斜坡的底部,孩子们喜欢在这里骑着自行车疾驰而下,或乘着各种怪模怪样的自制雪橇滑来滑去。有时,一场大雨过后,这里会迅速大量积水,约有60厘米深。时不时就会有一些年幼的孩子来这个新出现的小水塘里蹚水,用各种废旧物品制成小船玩耍,度过一段美好的时光。每次没过多久就会有人摔倒,搞得全身湿透。这就是其他人一拥而上的信号,他们尽情玩闹、弄得浑身是泥,甚至脱掉衣服光着身子跳进水

---

① 出自莎士比亚的戏剧《尤里乌斯·恺撒》。

塘里。这些孩子的年龄在5～11岁。乍一看，人们的第一反应可能是因为满眼的泥泞、周围的一片狼藉和浑身打战的孩子而不敢上前。但随后你会看到孩子们身上洋溢着喜悦和快活，散发着真正自由的气息，因为没有人告诫他们要远离水塘；事实上，根本没有人告诉他们该做什么、不该做什么。你会明白，不管他们身上弄得有多湿、有多少泥巴，都是值得的。

当游戏结束，会有时间让他们好好收拾一下。我不觉得任何人在那种状态下会被允许进入主楼，所以应该也不会给室内的人带来麻烦。就在走廊上，扔给他们一条毛巾和干衣服，警告他们如果一身脏兮兮地踏上地毯，会有很可怕的后果。没有规矩被破坏，没有人受到伤害（除了可能会着凉），只是这些日子得辛苦洗衣机了。

最近媒体上有很多这样的声音，称孩子需要与家人共同度过美好的"家庭时光"。对此，我认为应当谨慎地对待，它似乎在迂回地暗示，只有与家人共度的时光才是美好的。

与家人相处固然很重要，但那些没有父母或其他成年人陪伴的时间也不应被低估。孩子们需要大量这样的时光，远比我们成年人认为他们需要的多得多。因为只有通过与其他孩子的相处，他们才能学习到真正有价值的东西——关于如何与他人交流互动，与同伴共同生活，成长为独立的个体并为自己的行为负责——无论它有多么微小。

尽管我倡导给孩子们和同龄人相处的时间，但同时我也认为，在完全没有成年人、大孩子的帮助或介入的情况下，孩子们有时候无法处理好彼此之间的分歧，所以在夏山，我们设立了监察员制度。儿童之间的玩耍和游戏从不会百分百地顺利进行。争吵和斗嘴是小孩子的天性，他们就是通过这种方式来学习如何与他人相处的。他们会犯很多错误，发生很多争吵，直到最后"破茧成蝶"！

只有在与同伴玩耍的时候，孩子们才能真正地无拘无束，因为只有那时，他们才能完全摆脱外界期待的束缚。我们需要学着成为那种隐于背景板中的成年人，让孩子们以自由、本真的状态尽情玩耍。这是一个很棒的技巧，值得我们努力学着去做。或许最好的方式是确保自己有事可做，专注于自己的工作或兴趣，同时留意孩子活动的情况。阅读是一种很好的方式，既能让你享受其中，又不会有很大的存在感。换作看电视或电影，可能会吸引孩子加入进来，反而破坏了他们的时光。

如今，许多很棒的新型机构如雨后春笋般出现，让孩子们可以走进森林，做些有趣的活动——建造秘密基地，玩水、玩泥巴，找蘑菇。看到孩子们享受和喜爱这类活动真是太好

成年人要隐于背景板中,孩子才能以自由、
本真的状态尽情玩耍。

了——不过，要是组织方能单独辟出一片篝火营地，让父母们围坐在一起，聊聊大人的事情，喝点咖啡，不去管孩子们在做什么，那就更好了。如此一来，这段体验便能从"优秀"升级为"特别优秀"。定期举行这样的活动，甚至能够启动小型自治会议……

我们成年人理应保持和孩子平等的低姿态，为了说明这一点，A. S.尼尔讲过一个有名的故事，关于夏山的一个新生。这个男孩在第一学期中途的时候给他的母亲写信，信中说："这里有个叫尼尔的家伙，我挺喜欢他。"这让我们对尼尔的事迹和他作为成年人的地位有了很多了解。尼尔是校长，但那个男孩完全不知道！对此，我觉得很多校长，即便是现代学校的校长，可能也很难欣然接受。

我也亲历过关于一个9岁男孩的故事，他在夏山待了至少两年。他时常跑来找我，问能不能吃我的茶点饼干。我每每会"呃""哈"地沉吟片刻，想着要不要留着自己吃，然后回答"好的"，允许他分享饼干。

他会说："耶！谢谢！"然后扭头就跑。不过有一回，他随即又停下，转过身来，表情认真地盯着我看了一会儿。

他问道："你是谁？"

好吧，这可真让我认清了自己的位置！

自为的自由与摆脱的自由

当我们谈论自由时，总会把它与能够做什么联系在一起，在讨论儿童的自由这个概念时尤其如此。然而，建校以来的大多数时间里，夏山一直在为这种观点所困扰，即认为给予孩子自由就意味着彻底的无序和混乱，他们会像《蝇王》中那些野性难驯的孩子一样四处乱跑，只是为了好玩便纵火焚烧建筑。夏山的自由绝非如此。我们前面已经谈过，夏山奉行的是负责任的自由，并且设定了约400条校规，这些规则适用于我们所有人，成年人和学生都应该遵守。

让我们看看"摆脱的自由"究竟是什么意思。

父母的期望造成的结果，或因孩子感知到父母的期望而造成的结果，我见过太多太多。没几位父母会承认自己的期望，事实上，大多数父母都会激烈地矢口否认。期望是一个极其狡猾的小恶魔，它会以最不可思议的伪装、在你最意想不到的家庭中露头。

按传统，我想人们可能是以一种非常维多利亚式的方式来看待期望的。家庭会把孩子的一切都规划清晰，包括他们具体"应该"怎么度过人生，"应该"考什么证书、拿什么学位，最后成年了"应该"从事什么职业。"年轻人，我们期望你能有一个好学历，然后像你父亲一样进入银行工作。"

但并非如此，期望要比这更深入、细微得多。最慈爱无私的父母也会对孩子有所期望，他们的唯一动机就是对孩子的爱。期望不一定是关于什么资格证书，可能只是因为生活在一个所有成员都"成就非凡"的家庭里。或许父母都拥有高学历、都是专业人士，或许出身于音乐世家，抑或家里有"事业有成"的兄弟姐妹。一些父母在孩子身上花费了很多精力，陪他们玩耍、谈天，度过许多亲子时光，他们也会有所期望。期望常常藏在没有说出口的话语里。

这在当时可能没人会注意到，但我这些年见过许多孩子，他们变得异常焦虑或自卑；和他们谈话时会发现，孩子感到很有压力，有时这压力甚至是源自爱和称赞。也许这些压力源于孩子自身，他们想要尽其所能成为最好的自己，以达到某个实际上并不存在的目标。在家中，我们要留心这一点，并随时准备好向孩子解释：我们并没有什么特别的期望，只希望你们的生活尽可能地开心、幸福。

我不断提及来自外部或内部的压力，是因为每一个来到夏山的孩子都迫不及待地想成为寄宿生，远离他们深爱着的家人，几乎毫无例外。这并不是巧合。来自不同背景、不同国家、不同家庭的孩子们差不多都是这样渴望着寄宿，我收到的来自世界各地的电子邮件也证实了这一点。孩子们恳求入学、来夏山生活，并非因为他们厌恶自己的家庭，而是为了逃离他们最深爱的亲人。

那么，回到个体家庭，我们该如何在家里和学校给予孩子不加妨碍的独立自主呢？这并非易事。

你是否争强好胜？当孩子在某个项目中拔得头筹或表现优异的时候，你是不是会不断地表扬他们？或者，你会不会在家庭游戏中制造笑点，让自己看起来像个傻瓜，乐呵呵地输掉游戏，又或者对孩子们知道的东西装作一点也不明白？这种方式能够很好地降低期望。在我看来，幽默总能赢得人心，而父母稍微扮点傻，则更胜于此。

当然，小孩子需要表扬，但不是说他们做的每一件小事都需要表扬。再次强调，你需要自我审视，好好评判一下你可能在无意间给孩子施加了多少压力，即使并非你的本意使然。

有时我们也要正视自己的孩子，认识到他们并不是完美的小孩，他们确实喜欢大把地吃糖，一看电视就停不下来，甚至——没错，到了青春期他们还可能会尝试吸烟，即使你很厌恶这种行为（实际上我也很讨厌）。我们只有看清现实，才能采取措施，用传统的常识性方式来妥善解决这些问题。

"必须一遍遍地反复强调，自由并不意味着溺爱孩子。如果一个 3 岁幼儿想要从桌子上爬过去，你要明确告诉他不能那么做。"

——A. S. 尼尔

我认为我们应该与孩子坦诚相待，告诉他们我们对事物的感受，但要始终记住，所说的内容要符合孩子的年龄，并且是他们感兴趣的，不能让他们感到害怕或困惑，别谈论太私人的东西。不要谈论自己遇到的麻烦，或是婚姻和伴侣。也不应该跟孩子谈论什么银行取消了公司的抵押品赎回权，这会吓到他们。夏山曾有家长这样做，他们误以为坦诚相待就是和盘托出，结果对父母和孩子都造成了巨大的影响。记住，孩子只需要知道家里由谁掌舵，知道自己的家庭和家人是安全的。他们需要安全感，这意味着即使夫妻关系破裂，一切也都将以友好而温和的方式解决，而孩子们对后续的安排有发言权，他们不会被遗忘。

当涉及某个问题时，你应该尽可能地给孩子提供相关信息，然后给予充分的尊重，让他们自己做出决定。不必有所顾虑，告诉孩子你的感受、你的害怕和担忧。保持真诚，并确保交流内容紧扣你们讨论的问题。

花大量时间陪伴孩子，带他们看戏剧、欣赏城市和乡间的风景、参观美术馆，去上芭蕾课、做运动，即使孩子并不十分感兴趣，这些也都可能让他们心中生出被期望感，觉得自己应该好好表现、展现出兴趣和求知欲。有必要仔细分辨他们是否真的乐在其中——这并不容易，因为他们总想取悦你。你可能得变身为情绪侦探！观察你的孩子，同时也持续地观察自己。我做这些是为了他们还是为了我自己？如果你并不确定，那就暂时搁置，看看孩子们是否会真心请求再做一次。如果你觉得他们只是想要你的陪伴才这么做，那么不妨试试换成散步或者骑行这类陪伴性的活动。

首先要记住，孩子们渴望赞许，我们所有人都是。所以，如果孩子凭直觉感到你希望他在某方面做得更好，或是对什么东西表现出更大的兴趣，他就会尽自己最大的努力去做。他们可能是渴望获得认可或表扬，也可能只是觉得自己应该这么做。在这方面，他们很可能会误解你的意图和期望。只要记住，如果他们误会了，那么首先肯定是你的某些言行举止向他们传递出了这种暗示，为此，你可能得用批判的眼光再次审视自己以及自己的言行习惯。

等到你的孩子长成十五六岁的青少年,他们可能不想做任何与你这个成年人有一丁点关系的事情,记住这一点,到时可别感到被冒犯或者很受伤!

之前有一个孩子,他刚来夏山的时候,经常和父母抱怨不能选择心仪的课程,他觉得那些课很幼稚、无聊,老师教得也不好。于是他的父母向我们反馈,显然非常担忧。我们回复说,我们认为他需要时间去做回小孩,享受简单的快乐和嬉戏,我们相信他会逐渐适应课业的。他的父母认为我们不了解他,说他很想学习,而且比同龄的孩子要成熟得多。

然而,我们的老师看见的是一个喜欢做手工、热爱画画的孩子,他很享受当前的课程。可随着父母探访日的临近,他开始请求老师多给他安排一些书面作业,好让他可以寄回家给父母看。

不久之后,我们便明白了,这个家庭并不认可夏山学校的教育理念,果然,他们在下个学期结束时就让孩子转学了。

偶尔会有孩子想离开夏山,转而去一所强制学习的学校,因为他们感受到了学习的必要性,但又无法创造出足够的自驱力来实现心中的期待。当然,随着时间的推移,孩子的自驱力会自然产生,但他们可能缺乏耐心和对夏山体系的信任与了解,没法等到那个时候。如果转学能够满足他们的需求,那么显而易见，这对他们来说就是正确的选择。

说到"摆脱的自由"，我想起了几年前一个男孩的故事，之前学校的生活给他造成了明显的创伤。因为不能很好地理解学习内容，他无法全身心地投入课堂，继而感到无聊。他初来夏山时，看起来就是个被大量作业压垮的焦虑小孩。他坚决不参与我们提供的任何活动。尽管对成年人不失礼貌，但他明确地表示，对我们可能提出的任何建议和说的话都毫无兴趣。他是走读生，每天早上9点到校，下午5点离开。前两个学期他过得很孤独，一天里有好几个小时都在绕着学校操场骑自行车。他花了很多时间观察其他孩子在干些什么，但并不怎么加入。当有人试图接近时，他会直截了当地说自己"很好"。所以，我们就相信他的话，让他一个人待着，日常只是和他打打招呼，除此之外则完全由他自己独处。

这样看他骑着车、玩耍着，以自己的方式将旧日生活抛在身后，慢慢远离，让过去留在过去，真是太棒了。他并没有公开地表现出反叛或愤怒，但他的态度也很明确，当知道自己在夏山可以做任何想做的事情时，他便无比确定，这就是他想做的！

我们一直密切关注着这个男孩，并定期在职工会议上讨论。我们虽然给了他探寻内心平静的空间，但也不免忧虑，希望确保给予了他充分的选择。尽管我们试图让夏山的学生过自己的生活，不依赖成年人来娱乐，但在这个特例上，我们很乐意参与其中，提供更多的引导，只要能帮助这个小家伙顺利完成过渡。因此，教职工们纷纷为他提供了他可能会喜欢、能帮得上忙，且不需要太多其他人参与的事务或活动。他和一位热衷于园艺的职工一起做了些园艺工作，还参加了一些户外活动，慢慢地，他融入了集体。

看着一个孩子逐渐成长、变得越来越自信，总是令人备感愉悦。有些人可能会提出异议，觉得我们没有帮助这个男孩为未来做好充分的准备，因为他没有在课堂上学习。但我们坚定地认为，摆脱那些不断累积的约束和担忧，以及如影随形的大量作业，他能以一种好得多的姿态去迎接未来生活中的挑战。他是一个自由的行动者，一个有自主权的人类个体，他已经在学习如何为自己负责，并终将学会如何对身边的人负责。

他可能会一直是个真诚直率的人，有自己的一套生活准则，但他学到了至关重要的一课，那就是我们都得以这样或那样的方式与他人相处，一定程度地参与团队合作，且我们每个人在社会交往中都会被赋予某种期待。但也仅此而已——没必要去上课，或者做那些让你害怕的事情。这份新的自信让他能够享受更多事情，而在以前，那些事对他而言绝无可能。每次看到他来访我都很高兴，至今他每年还会给我寄圣诞卡片。

自由 ≠ 放纵："在11月赤足行走"

> "除非孩子们能够完全自由地掌控自己的社会生活，否则你不可能拥有自由。"
>
> ——A. S. 尼尔

关于什么是真正的个人自由，有太多的困惑。我曾看到一个15岁的男孩在寒冷的11月清晨赤足行走。那一刻我恍然大悟，这个小小的行为完美地诠释了个人自由和夏山的自由意味着什么。个人自由其实很简单，你有权按自己的意愿行事，只要不影响其他人。所以在寒冷的11月清晨，如果你不想穿鞋，没人能强迫你穿。

不过，我会补充一个附加条件——到1月末，夏山会遍地积雪和结冰，而许多年幼的孩子仍然会光脚走路，这是他们从去年夏天就掀起的小风潮。小孩子不穿鞋在雪地里玩显然不妥，所以我们的学校大会制定了一条规则，在冬季学期（1～4月）余下的日子里，任何人都不得光脚走路。我认为这非常清楚地

选择在 11 月赤足行走是一种个人自由——它不会影响到别人。没有人能强迫你穿上鞋子。

阐释了夏山学校的民主实践，以及自由与放纵的区别，它表明年幼的孩子确实需要管理，需要富有同理心而又坚定的引导。

我在生活中经常看到，各年龄段的人都渴望能做自己想做的事情。这种渴望存在于社会各界，至少在西方世界是如此。老年人通常会有一张"遗愿清单"，列着他们想做的事情。似乎追求幸福已经成为人生的第一顺位。我担心的是，"幸福"这个词承载的含义太多。何谓幸福？谁能定义它？我的幸福未必是你的幸福，那我们如何就这个词的含义达成共识呢？也许追求幸福标志着我们许多人都生活在一个肢体相对安逸的世界。我想，我们的祖先几乎没时间去哪怕想一想什么是幸福，因为他们忙着生存！

可悲的是，对许多人而言，"幸福"这个词代表着一种无忧无虑、没有冲突，通常也没有责任的生活。它意味着完全沉沦于"己"之所欲，毫不关心对其他人或对脚下的土地可能产生的影响。从广义上来说，我们每天都能看到对自然的各种滥用，通常只是因为我们想要更轻松地享受事物。同样，身处西方世界的我们所认为的"幸福"，和那些不如我们富有的人所认为的幸福，两者之间存在着巨大的鸿沟。

人们常常误以为"随心所欲"就是个人自由。追求这样的自由是危险的。没有人能够得到想要的一切，也不可能时时都依照自己所想来行动。生活并非如此。我认为让任何人——

尤其是孩子——觉得这种自由可以实现，是非常可怕的。

青少年在追寻自我意志的道路上，往往会将其标榜为"自由精神"的权利，并试图说服自己和周围人接受这种观点。当社会没能如其所愿，他们可能会变得怨恨和愤怒。情况很快就会演变成对抗权威之战，或与任何他们认为的权威的斗争。

在夏山，只有在学校大会才可以反抗，但这通常就足够了。孩子可能要花上一段时间才能明白，"随心所欲"其实是一个相当幼稚的概念——他们可能会觉得仿佛所有人都在与他们为敌，感到自己是受害的一方。这本身就是个强有力的理由，孩子们应当从头开始学习个人自由的真正内涵。而这一点是所有父母从一开始就可以在家中做到的。没有人能够百分百随心所欲，我们都需要明白这一事实，而后继续前行，才能过上一种满意的生活。

父母们很容易把放纵当作自由。他们对孩子怀抱着深切的爱，以至于会让这种爱模糊了两者的界限。换句话说，他们给了孩子太多的爱、关心和赞许，以至于孩子最后——用老掉牙的话来说就是——被宠坏了。孩子想要什么就能得到什么，会对此习以为常。而父母可能根本看不清这就是问题所在，也许还会坚决地否认这一点。这就是为什么我建议要不断地评估我们在家庭中的行为，不断审视自身，尤其是要确保自己没有落入溺爱的陷阱。要置身其外、冷静客观地观察固然很难，但我们确实需要时常这么做。我们的爱和引导应当是理性的，必要时，要能够坚定果决地说出那句最简单的"不可以！"。

一个孩子如果在生活中经常发号施令，会发现很难放弃这个习惯，即使他们真的想要摆脱。这样的孩子往往会变成家里的小暴君。

一位父亲告诉我，他们从来没有对儿子说过"不"，因为他们会以成年人的方式讨论问题，并达成一致。但通过我们在夏山对这个男孩的观察，所谓的"达成一致"意思就是这个男孩几乎总能得到自己想要的！

他对社区来说是个大麻烦，同龄伙伴们苦不堪言，这种情况持续了许多年，直到他14岁左右，学校大会花费了大量时间研判针对他的议案，之后他才消停下来。但他仍然戴着那张"自由精神"的假面，对社区的许多决议持反抗态度。我看不出他早期受到的教育究竟有什么正面影响。如果没有夏山学校的监察员和议会制度，我认为他可能已经长成为一个非常自私的人，对他人的需求毫不关心，也根本不会明白，有时人们必须学会遵守规则，不管自己喜不喜欢。

有趣的是，这个男孩骨子里非常善良，这种品质随着他的成长逐渐显露出来。他变成了学校里一个可靠的"大孩子"，在大会上讨论低年级孩子的议案时总是慎思周到，有点"村长"的样子，十分受人尊敬。

前不久，夏山新来了一个 5 岁男孩，他只是白天来上课，不住校。他家就在学校附近，有一天他忘带了东西，便回家去取。这件事在学校大会上被提了出来，对他的处罚是直到第二天午餐时间都不许来学校。他很喜欢学校，对此感到不满，还闹了点别扭，有些闷闷不乐。但在大会上社区清楚地表示，他必须听从处罚，而他也确实这么做了。从那以后，他再也没有在中途回家过。事实上，好几个学期他都受到了不同的处罚，在这之后，他完全变了一个人——他变得善于交际，和同龄人玩得很好，大会上几乎再听不到他的名字。如果感到有不公正之处，他也会立即以成熟的态度给出有用的建议。

我知道夏山的情况和外界有所不同，因为我们是一个大型社区，而且有议会制度作为支撑，但我想以此来说明，对那些只会考虑自己的人稍微严格一点是完全合理的，还能带来很大的好处。

在夏山大会，你会听到有人说自己很生气，因为昨晚被顶楼走廊的噪音吵得睡不着。他们会提出合适的处罚措施，涉事人员都会受到惩处、警告，或其他相应的措施。但他们不会谈论自己为什么生气，而可能会说："打扰别人睡觉是不对的，你应该多考虑下别人，你这样太自私、不顾及他人……"事实就是，你制造了噪音，这是不对的，你自己也清楚这一点（孩子们又不傻！）。

玩和呼吸一样重要

我希望我已经在前文证明过，夏山学校不仅是一所学校，它更营造了一种成功的教育和学习环境，绝大多数孩子都能在某一时间段内学习多个课程。不过本章的主题是"玩"，重要的是对它好好剖析一番，综合审视它的长度、广度和深度——当然还有它对学校理念和相应生活方式的重要意义。

遗憾的是，在当下的文明社会，孩子们的游戏活动似乎愈发受到威胁和缩减。最近的研究表明，如今英国的低龄儿童不被允许独自外出玩耍，直到他们长到比当年父母那一代孩子大两岁的时候（英国儿童游戏调查，2021）。

在夏山待了这么长时间，我对小孩子们那股玩个不停的劲头深感惊讶。他们从早上起床，到晚上睡觉，几乎就没有停下来过。难怪他们偶尔会筋疲力尽，烦躁易怒，或生点小病什么的。我记得我的孩子放假回家后，第一周只想看电视或打电脑游戏。你能看到他们年轻的身体和心灵正在放松和恢复。但没过多久，他们很快就会再次出门玩耍，开始期待新学期的到来。

当他们还很小的时候，我注意到，大概到了中午，孩子们会变得有些烦躁，开始发生争吵。这时候就该往他们的小嘴里塞点吃的，然后哄着他们坐下来看会儿电视或者做些安静的活动。短暂地休息一会儿后，吃饱喝足的他们很快就又玩了起来。

上面的例子以最显而易见的方式告诉我们，对人类幼崽而言，玩耍根植在他们的天性之中。看到他们在自由放养的环境里肆意生长，你就会意识到大多数学校的管理制度和教育体系具有多大的破坏性——孩子们必须静坐不动，去做那些并非他们主动选择的事情，而这些往往会给他们的能力带来不小的挑战，造成精神压力和不安，失败更是常事。有些孩子能较好地适应规则，感到相对轻松，但更多孩子并非如此。一些孩子可能会找到自己的表达方式，变得反叛逾矩，然后被贴上"捣蛋鬼"的标签，这并不让人意外。接着发展下去，他们可能会被带去看教育心理学医生，诊断出某种心理问题。

比如，发现一个孩子患有自闭症谱系障碍，就意味着大多数学校会针对他们的特殊需求和行为提供特别关照。而我认为，学校本就应该根据每个孩子的个性给予这样的关照，无须以诊断为标准。

哦，要是学校里能有这么一块地方就好了，让那些在课堂上坐不住的孩子可以起身来这里，到处跑跑、随意玩玩，或者找点别的事情做，比如木工、美术、跳舞或其他有趣的运动。

我敢赌 100 万英镑，这会让每一所学校，不论学生还是老师都变得更快乐、更舒心。这个办法很简单，而且设置和实行起来都不会太贵。对老师来说，费劲去教那些对学习毫无兴趣，或是很难理解知识概念的孩子，无疑是对灵魂的消磨。而有些课程即便是我也觉得枯燥乏味，可以想象得出，换作是我，肯定也会想办法制造些麻烦来寻求刺激，哪怕只是因为失望和无聊。

有些孩子受疾病的影响很重，有些则较轻。即使他们来夏山的时候没有附带任何诊断，也很容易看出哪个孩子受到了什么影响。然而，帮助孩子并不需要通过诊断，因为我们本来就是这样做的——把每个孩子都当作独立的个体对待。在夏山，我们会为独特的个性而感到欢欣，珍视每个人的长处和短板，不管他们有时候多烦人！

> "如果一个人跟不上同伴的步伐，或许是因为他听到了不同的鼓声。让他随着自己听到的节奏前行吧，不管有多慢、多远……"
>
> ——亨利·戴维·梭罗

不管你在哪一天来到夏山，第一眼看到的都会是孩子们玩耍的场景，是那种自发的、愉快的玩耍。他们在室内玩，在户外玩，或正常地嬉戏，或玩得颠来倒去。有些游戏看起来有理可循，似乎还有点意义，而有些游戏则彻头彻尾地傻里傻气。夏山的孩子们要做的就是玩，就像小猫要跌跌撞撞地爬出盒子一样。

当你告诉来访的孩子夏山的基本情况之后，他们脱口而出的第一句话往往是："你的意思是我不用上课？"然后就跑开去玩了。

看到孩子们自由自在地做着他们本该做的事，无疑是人生中醍醐灌顶的时刻之一。孩子们玩耍的能力是惊人的，也非常需要其他孩子做伴。很难想象，那些在传统教育环境中长大的孩子，要怎么控制这种无处不在的强烈冲动。

全社会普遍都不尊重孩子与生俱来的玩耍能力和对玩耍的渴望。可孩子们天生就该把大部分时间都用来玩耍，我们得允许他们满足这种需求，正如允许他们吃饭、呼吸和睡觉一样。

在夏山，孩子拥有玩耍的权利。我们不会刻意装点出学习情境，好让他们玩得"有所收获"；也不会在一旁观察审视，评估他们能从这个或那个游戏中学到什么。我们的孩子只是单纯地在玩耍——如果他们愿意，可以开开心心地玩上一整天。

当然，有时玩耍的过程中也会出问题。孩子们会发生冲突，这是成长的一部分。我们有一套机制来保护每个人的权益。有需要的话，大孩子或成年人会帮助解决问题。即使是年龄较小

孩子们天生就该多多地玩耍，
而我们应该满足他们的需求。

的孩子，我们也会鼓励他们独立处理一些事情。毕竟生活中不会总有"保姆"来照顾我们，替我们解决一切麻烦。

有时候，玩也能发展出其他兴趣。你可能从制作一把木剑开始，发现自己想要制作更多的东西。你可能在学校的旧钢琴上乱弹了一通，然后发现自己想搞音乐创作。可能你加入了一年级的商店游戏，之后发现自己还想学习更多数学知识，或是在科学实验室里搞出了大动静，然后报名了生物课程。灵感和乐趣可能产生于许多地方。

不论你从哪个角度看，在夏山，玩就是玩，它完完全全地属于你——亲爱的孩子。

那么问题又来了，我们该怎样把这一点运用到家庭中呢？孩子们拥有惊人的玩乐天赋，而我们这些社会中的成年人往往没有给予它应得的认可。要是获准可以不受限制地玩耍，孩子们会在早上 7 点就起床，然后玩上一整天，直到累过头、情绪烦躁才能停下来，我们对此似乎很难理解。也只有在这种时候，当看到自由放养的孩子们每天是怎么活动的，你才能意识到，让他们端坐着、心不在焉地听一些他们根本不感兴趣的东西，是一种多么残忍的行为。

显然，如果你的孩子要去一所传统学校，这会是个很棘手的问题。传统教育体系的规矩是多待在教室，少出去玩。想要妥善处理，父母需要发挥创造性。关键的一点是，尽可能在家中创造出和上课时间一样多的玩耍的时间和空间，或许还要重新评估一下自己对孩子实际的期待。他们真的需要去学芭蕾、轮滑和空手道吗？那真的是他们想要的吗？抑或只是因为当时听起来不错，后来就成了每周的例行事项，又或者是他们在校外环境结交朋友的一种方式？不妨和其他家庭聚会，安排一些"自由活动"的时间，让孩子们自己相处，做些孩子们爱做的傻事？

如果孩子想参加有组织的活动，或许值得去弄明白，他们是真的想参加，还是只是比起待在家里写作业，这是稍好的选择？如果把空手道和闲逛玩乐摆在一起，他们会选哪一个？

诚然，孩子们必须去上学，而你能做的就是为他们找一个不过分重视学业成绩、体育活动、游戏或其他创造性活动更丰富的学校，此外别无他法。就个人而言，我坚定地支持创造性的游戏，以至于如果学校高压教育，我会考虑让孩子转学。换句话说，我可能会考察地区内排名靠后的学校，而不像大多数家长那样，只想要排名最高的学校。

你可以让孩子在家里多多地、真正地玩耍。他们可以在花园尽头或是公园里消磨时间，回家拿个三明治，又立马跑出去，或是做他们想做的任何事。试着让他们在没有你帮助的情况下，找到自己玩耍的方式。如果你必须要出去为他们找寻游戏场所，那就带本书，在他们尽情享受自由的时候，你也能拥有一点私人时间。他们需要知道，你不会突然现身、闯入他们的游戏空间，这样他们才能对自己所在的空间和所做的事拥有掌控感。做你该做的事，这样孩子就不会觉得"被监视"，才能深入体会当下的快乐。

我认为，玩是孩子生活中最最重要的部分。如果你也和我一样有点自然主义者倾向，你会发现，所有哺乳动物都是通过玩耍来学习和掌握生存技能的。这正是我们的孩子在做的事情，在玩耍中磨炼社交和生存所需的技能——学习如何做人，如何交流，如何与他人相处。他们在玩耍中经历愉快、摩擦和混乱，从而学会人生最重要的内容——交流、协商和让步。

世上所有的学校课程都无法教你成为一个更好的人。它们能让你变得博学、富有、受人尊敬，但无法教给你成为一个关心他人、富有同情心的人所需的基本要素。

冷静的能量

能量非常重要。我会尽量用下面这个例子解释我的观点，这是我前些天看到的一个训练问题宠物狗的电视节目。

节目里有一位驯狗师，他会去人们家里帮助解决宠物狗的问题。这对夫妻的家里有一条非常焦虑的小猎犬。狗的焦虑主要来源于主人缺乏照顾宠物狗的知识，但这并非重点。我们不是要评论谁是谁非，或者妄加指摘。总之，这种焦虑让狗不开心，也让整个家庭都不开心。他们没法带狗出去愉快地散步，也不能在平常或假日的时候带女儿出去玩或是度假，而这都是因为狗的焦虑制造了各种各样的麻烦。

看节目的时候，你能很清楚地看到哪里出了问题。这家人每次带着狗外出时，都会努力安抚它，会夸它是个好孩子，时不时抱起它，一直跟它说话，他们觉得这是在用理解和支持给予它鼓励和力量。由于这种情况（已经持续了好几年）带来的压力，他们自己也很焦虑，你能从他们的肢体和声音里明显感受到这一点。他们以为自己在做正确的事，觉得自己是在用爱和抚慰的话语让可怜的狗狗安心、放松，结果却适得其反。他们将焦虑表现了出来，在不停地试图安抚狗的同时，实际上不经意间把自己内心的担忧传递给了狗狗，这让狗狗更加害怕。

驯狗师告诉他们要保持冷静、坚定，让狗狗感觉一切都处于他们的掌控之中，周围很安全。别再和它说话，别再盯着它看，别再给它太多的关注——只管走就是了！

接下来，一切简直就像个奇迹。一旦他们在遛狗的时候不再不停地表扬它、发出令人焦虑的声音，狗狗就安静了下来，变得自信又快乐，问题一下子就消失了。尽管还有很多工作要做，但其中的关键已经浮现，它展示了能量和担忧是如何影响他人的。

这个例子有点极端，我举这个例子，并不是要将狗与孩子相提并论，而是为了展示紧张、焦虑的能量会产生的影响。

这个家庭自身的焦虑造成了两个结果：第一，他们让狗觉得，存在着什么令人焦虑和担忧的事情；第二，因为狗感到焦虑，他们就不停地表扬它，这让它心里更加困惑（"你们是喜欢我焦虑吗？"）。

保持冷静，感受冷静，散发冷静，我一直在努力强调冷静的重要性。这是因为孩子们会在第一时间注意到你的紧张，这会让他们也变得焦虑或情绪激动，或者又焦虑又兴奋。总之不是什么好事……

现代生活给孩子带来的问题之一是，处处都存在着刺激。电视节目非常消耗人的能量，电脑游戏同样如此，还有网络社交平台在发挥影响。有时候，只是放松地躺下来，拿起一本好书，看看上面的图画，或者编个有趣的故事，对孩子来说就是一件美妙的事。他们需要有时间这样安静地待着，同时还能活跃大脑、激发创造力。我越来越深刻地感受到，保持冷静的重要性被严重低估了。然而，我还想补充的是，如果没有得到充分的自由和锻炼，不管人还是动物，都很难保持冷静。你大可以放轻松，但如果你的孩子因为没能外出玩耍——至少是在室内活动——而沮丧不安，那你怎么努力也是白费力气。

安宁平静的环境能让所有生物都感到舒适。如果这些担忧来源于我们自身，我们得想办法，不要把内心深处的担忧传递给他人。不久前的一场讨论会上，有人问我："我们必须始终与孩子坦诚相待，对吗？"我认同这一点，除非问题的根源是我们自己面临的难题或存在的偏见。正如前面说过的，到了这种时候，我们需要进行自我评估，设法控制自己的担忧或恐惧，因为只有在我们自身内心稳定而强大的时候，才能真正地帮助孩子克服他们的焦虑和困难。

我要讲两个小故事。第一个故事发生在我女儿艾米大约2岁的时候。我们当时正在一个花园里四处游玩，她朝我走过来，手臂上趴着一只巨大的蜘蛛。现在的我一点也不怕蜘蛛，但那时，看到我的宝贝小姑娘柔软细嫩的小胳膊上停着如此巨大的生物，真的把我吓得不轻。我只能努力控制住自己，没有惊慌大叫："啊啊啊！你手臂上有一只毛茸茸的大蜘蛛！"而是平静地说："哦，真是位可爱的蜘蛛女士，是不是？我们找个好地方把它放下去吧。"

随后，我们走入灌木丛，找了个安全的位置把蜘蛛女士（这么大的体形，它肯定是一只母蜘蛛）放走了。我的第一反应很关键，如果我凭着那一刻的直觉做出反应，可能就为今后许多年里她与蜘蛛的关系设定了基调。

第二个是我的儿子亨利的故事。他曾经是一个爬树好手，现在仍然是。一天，我听到一个细小的声音在呼唤我："妈妈，我在上面。"是10岁的亨利，他正在附近最高的树上跟我打招呼。我一抬头，看到他爬得那么高，惊恐便一下子袭来，差点没站稳。我向来不喜欢高处（我是有点恐高的），这时只得先稳住，装出一副若无其事的样子，在他刚刚攀爬成功的这个时候，显然我并不想制造紧张情绪。所以我只是抬头看着他，招了招手，平静地微笑着跟他大声打了个招呼，然后继续清扫院子。

今天我跟亨利聊起这件事，他说当时完全不知道我那么惊讶……目的圆满达成，妈妈真棒！

我不是建议你让孩子去爬树，亨利只是碰巧很擅长爬树，也能保证自己的安全。这必须是他们个人的选择，主要取决于他们的生活经验、你的焦虑程度，以及你家附近的环境布局。不过在我看来，完全限制孩子爬树未免有些遗憾。

不用想办法让孩子兴奋或激动，他们完全能够自嗨。一个和谐、安宁的家庭，最重要也最简单的特质，就是成年人的平和与冷静。我指的或许就是淡定，当事情看起来要出问题的时候，不会一下子陷进去；也不必对事事都做出回应，不论好的还是坏的。成年人需要有自己的生活，谈论成年人的话题，读成年人的书，听成年人的电台。当然，幼儿需要一定的关注，但不是无所不在的关注。有时候，让孩子在花园里玩一玩、散散步或看本书，他们自己就能玩得很开心，不会去打扰大人。

焦虑与我所说的那种紧张有很大的关联。前些天，我和亨利讨论了保持冷静的话题。我模仿了一个焦虑的家长，告诫孩子要小心滚烫的壁炉。我音调拔高，语气紧张，家里的狗原本安然地躺在沙发上睡觉，这时突然跳了起来，不安地站直身体。这就是我想要表达的，紧张会滋生紧张。我因为神经紧张而做出的举动，让周围的气氛也变得紧张起来，而狗迅速地捕捉到了，就受到了惊吓。和大多数动物一样，儿童对周围的能量十分敏感，比大部分成年人要敏感得多。

我们难免会生孩子的气，这再正常不过了，他们肯定也会生我们的气，但重要的是，过后要能够放下。不要提起，不要讨论，就这么忘掉然后翻篇。如果他们生你的气，只要合理又公平，这一方法同样适用。别去理会，该干吗干吗，千万不要在事后提起，或者讨论和剖析。

夏山有一条不成文的规定，"大会上的问题仅止于大会"。意思是说，你可以在大会上进行控诉，但也要明白，会议结束后便不要再提起。生活也是这样。我们都需要有机会表达自己的不满和愤怒，而不是让这些情绪在日后被反复翻出来，成为讨论和道歉的焦点。

和孩子说话的正确打开方式

我们和孩子说话的方式，和与成年人说话的方式一样，塑造了彼此关系的基调，也是构建信任、尊重、坦诚和友谊的关键。

不幸的是，许多人都觉得成年人应该用一种不同的方式和孩子说话，用不同的语调、不同的态度，谈论不同的内容。比如，儿童电视节目里的主持人总是乐呵呵的，用一种居高临下又故作欢快的口吻跟孩子说话或者喊话，但他们那种活泼的态度和肢体语言又在向孩子们暗示"我是你们中的一员"，"我们可以一起享受很多乐趣"，这真的很荒诞。孩子不需要这样的互动，他们常常会觉得这样很假，而且很尴尬。

努力成为孩子们中的一员并不会对亲子之间的平等相处有所助益。从我的经验来看，成年人有成年人的样子，这才是孩子们期待且喜欢的。如果一个本该表现得有担当的成年人，行为举止却像个孩子，孩子们通常会不信任他。"孩子样"和"孩子气"两者是截然不同的，前者是指拥有发现童趣、享受童趣的能力，后者则是幼稚和不成熟。夏山的孩子能够非常迅速地分辨出故作孩子气的大人，通常新来的职工会这样做。孩子们普遍不会对这样的成年人有多少尊重，除非他们能够"长大"。

1999年的夏山，当时我们正在为一场法庭辩论做准备，因为英国政府要求学校变更教育理念，而我们不愿意。为协助夏山的审查程序，并阐释学校对于当前教学流程的观点，我们制订了一系列政策。我们给孩子们发了各种各样的问卷，征求他们的反馈。

在制订评估政策的时候，我们发现孩子们很愿意参与进来，因为这涉及我们成年人怎样观察和监督学生，进而关系到他们每个人。我们召开了一次会议，在会上将拟定的草案从头到尾宣读了一遍。一些大孩子出席了这次会议，大家开始对整个政策逐条讨论。几分钟之后，其中一个最年长的男孩站起来说，学校能够询问大家的意见，他们心里很感激，但他们相信我们成年人能够做出对学校最好的选择，同时不会侵犯学生的利益，希望我们自行处理。其他人也表示同意，然后他们就都非常礼貌地离开了。

我觉得这完美地说明了自由放养的孩子们是如何看待成年人的，而毫无疑问，我在孩童时也是一样的看法。这就是为什么在夏山，我们不会让孩子参与学校的财政或商务问题。我们不想培养出什么小大人，只希望我们的孩子能有一个真正的童年——一个平等、自由的童年，可以茁壮成长、积累自信，而不用被牵扯进那些跟孩子毫无关系的决策里。

这么多年下来，我发现孩子们对晚上几点上床睡觉是真的感兴趣，但一点都不关心谁付电费！在家庭中同样如此。

我发现，有时候当我用一贯的直接口吻去和那些刚来夏山、可能有点胆小的孩子交谈，他们会一声不吭，我不得不赶快讲一两个笑话，让他们明白眼前这个成年人不是他们所认为的那种"学校领导"。我希望能以一种轻松舒适的方式和他们交流，不用担心自己言辞不当，或者说得太过直白。我想以非常温和的方式逗逗孩子们，让他们笑一笑，与他们完全地开诚布公。我希望夏山所有在校的学生和往年的学生都能明白，无论外界、他人如何，我都会与他们坦诚相待，始终这样直言不讳。

在我的工作中，这种说话方式在很多场合都能派上用场。我可能要和一个孩子谈论父母婚姻破裂、家人患病或是饮食问题，讨论的时候我会小心把握分寸，但绝对地坦率直言，就像我和学校里其他成年人谈论这些事情时一样。

有一天，我和一个16岁的男孩谈起他祖父的绝症。我们不仅谈到，学校允许他在任何时间回家探望；也聊到，他可能会觉得在学校的时候能暂时摆脱家里的紧张氛围，获得一点喘息的空间。他承认，整个家庭的悲伤气氛给了他不小的压力。在学校的时候他虽然悲伤，但至少可以做点别的事情转移注意力。

我认为自己在死亡这件事上也算有点经验了，多年来，我原生家庭里的长辈都已相继离开人世，我也告别了多位好朋友。所以我们谈了他的祖父可能会怎样离世，谈到现代药物，还聊到在现在这个时代，我们不太可能经历那种老式的临终场景——伴着老人嘶哑的喘息，一家人都围在旁边低声啜泣。那次谈话非常坦诚直白，我能看出男孩对此很感激。当然，我绝不会用同样的方式对待一个11岁的孩子。

平等相待并不意味着任由孩子在家里或者你的公司做任何想做的事。有时候我们必须告诉对方，你的行为已经越线了。当然要保持尊重的态度，就像与同事交谈一样，不要大声吼叫。我之前说过，我们完全可以生气，只要我们以符合对方年龄的方式表现出来，不能欺侮或威胁。我希望孩子也可以这样对你，可以自在地偶尔发点小脾气。然而，对我个人来说，如果必要的话，我很乐意来一场激情澎湃的较量。我不喜欢有人对着我大吼大叫，不论对方是成年人还是小孩，如果受到了言语辱骂，而且非要高声对抗才能让气氛冷静下来的话，我会坦然地吼回去。

有时候，有些话必须得说出来才行，压抑不谈对谁都没有好处。就拿高中毕业生举个例子。上大学之前，他们还住在家里，在这期间，他们可能会花大量的时间和金钱跟朋友在外面开派对，甚至把人带回家来玩。这种情况可能短期内没问题，但迟早会有人受不了，要站出来说点什么。如果这种个人自由打扰到他人，那就该到此为止了。我认为，最重要的不是说什么"都是为了你好"或"我觉得你应该……"，而是要直击问题的核心，那就是我受够了你在我的房子里乱转却一点忙都帮不上，不为家里做任何贡献，还把一大群朋友带回来开吵闹又烧钱的派对！

是时候开诚布公地谈一谈了。或许可以来上一杯咖啡，友好但坚定地跟他们说清楚为什么这种情况让人不舒服，不是对他们而言，而是对你。记住，父母也有自己的权利！

青少年常常无法真正地选择自己做什么。相反，他们被"期待"去走父母安排好的路。也就难怪他们有时候会变得叛逆了。

重要的是，要告诉孩子你的想法，别不停地唠叨，惹人厌烦。我知道，我的父亲曾经希望我戒烟，那时人们刚刚发现吸烟与癌症有很大的关联。他很为我担心，希望我别再吸烟。他没有责骂、抱怨，或者反复念叨，而是非常直接地对我说，他希望我能戒烟，因为一想到在他去世很久之后，我可能会因为肺癌而凄惨地死去，他就无法承受。我没有为了回应他的期待而立即戒烟，但这段话确实深刻地影响了我对吸烟的看法，并最终帮助我在26岁时彻底戒了烟。我也知道，父亲希望我去上大学，获得学位。他没有跟我说过，但我就是知道。我很清楚，这对他来说特别重要，因为他是一个知识分子，他希望我日后能回去管理夏山。他提到过，校方要求学校负责人有一定学历，但我不想走那条学术之路。

我的生活远比这更有实践性——我想和马打交道。我参加了英国马术协会的教学考试，又通过了另一项更高级别的考试，成了一名马术教练。在此期间，父亲表现出来的只有骄傲，以及对我的事业的兴趣，尽管他对动物和动物心理学一窍不通。

我为什么要说这些呢？因为太多太多的父母认为，他们理应对自己孩子的未来有某种掌控权。不知怎么回事，我们总是认为自己什么都懂，就因为我们是成年人。当然，成年人的身份给了我们一定的生活经验，但青少年所特有的那种年轻人的热情、勇气和理想主义也非常珍贵。再回到我们要做好牧羊人的角色上——我们应该支持他们、指导他们、帮助他们——当然也要面对现实。当你的女儿整日在房间里播放重金属音乐，却说自己想成为脑外科医生时，那么或许——只是或许——是时候现实一点，和她面对面坦诚地聊一聊，她真正想做的到底是什么了!

永远别害怕对孩子坦诚。我认为,这是夏山的优势之一。有话直说,不拐弯抹角,可以生气,只要孩子们也同样拥有对我们生气的自由。

这并不是说我们可以动不动大吼大叫,或者随意地发脾气。但在这里,你可以用一种成年人在多数教学环境中都不能采取的方式来表达愤怒。我说的情况可能是一个员工某段时间内夜里总被吵醒,他实在没办法了,觉得社区根本没把这个问题当回事。他们需要知道自己可以袒露真实的情绪,想哭的话可以哭出来,可以表达他们对当前情形的感受。孩子们对此完全能够接受,他们也需要知道我们都是人,有普通人身上常见的缺点与不足。

我记得一天早上,顶层走廊(住着10~13岁孩子)的一位宿舍管理员召开了一次特别会议。当时他非常疲倦,还哭了起来。他告诉孩子们,那些对他们来说有趣的事情——就寝后调皮捣蛋、发出噪音——真的让他很苦恼。他说,他第二天要早起,有繁重的工作,他实在是到极限了。那场会议上没有争论,也没有辩解,每个人都很安静。学校里的所有人都很喜爱和敬重这位管理员,那些之前在宿舍吵吵闹闹的孩子都能看出来,是他们把他逼过头了,而他们明显对此感到很愧疚。

显然,我们都应该克制一点。一个成年人的怒火可能会让儿童或青少年感到相当大的威胁和恐惧，所有人都不应该越过这条线。在夏山，如果有人这么做了，很可能会被控告到大会上去。正如前不久发生的这件事一样，一位老师因为和学生说话的态度太咄咄逼人，被告到了学校大会。他被给以中度劳动处罚（在校园里劳动40分钟，有人监督）和一次严重警告，告诫他务必谨慎行事，不要再犯。

我们绝不能小题大做。孩子们在小时候会有很多想法，常常三分钟热度，还有很多认知上的误区。我们最好用冷静的头脑和镇定的态度去面对这一切。比如，如果孩子决定要成为素食主义者（或是素食家庭里的孩子打算吃肉），我们应该试着顺其自然，不要大惊小怪、过分讨论或激动慌乱，就静静地随他去吧。孩子要么会享受这次经历，继续保持这种饮食习惯，要么会在尝试过后回到原有的轨道上。仔细一想你就会明白，不管是哪种情况，其实都和我们无关。

如果是比饮食更大的问题，是也许会改变人生的事情，那么我们得格外注意不要小题大做，急哄哄地就要跑去咨询专家。年轻人在做重大决定时，应该需要很长的时间才能明确自己的目标。我们要尽可能给他们时间和空间，进行现实的、实事求是的讨论，好让一切可以自然发展。

但也要怀着幽默的心态记住，天性使然，青少年骨子里都是戏剧大师！他们喜欢创作、热爱表演，有时候，寻求专业帮助这个主意本身就会让他们兴奋不已。所以，我不是说你不应该寻求帮助，但或许还是应该先把它搁置一段时间，看看他们的热情有没有消减，以防这只是孩子们一时兴起的戏码。这不是在贬低孩子的焦虑，仅仅是出于现实的考量，让他们有时间想明白，不管结果如何，这就是他们想要的。可能一年之后的某一天，孩子会告诉你，他们在生活中的某个时刻或对某个行为感到尴尬无比，这种情况会频繁发生，让人吃惊。这时，温和有爱地笑一笑，或许再跟他们说说，在你不为人知的过往时光里发生过什么越轨行为，会是个不错的选择。

一些学生会在学校大会上提出改名字的请求。这种请求通常都会被批准。有时候，这个新名字会伴随他们整个学校生涯，一直沿用到未来的生活中，但有时候只会持续几天。我记得有一段时间我的名字叫黛西，因为我不喜欢佐伊这个名字。那大约是在我8岁的时候，我不记得这个名字坚持了多久，可能就3天吧，但重要的是我有能力成为自己想成为的人，还能获得学校大会的批准。

还有一些学生在校期间会谈到改变性别的问题。对此，每个人都会平常看待，不会大惊小怪。我们会给足他们时间，让他们自己决定想成为什么样的人。至今我还没见过有人真的迈出这一步，他们通常都会从自我的性别中找到快乐，但会将它塑造成自己希望别人感知到的样子。再说一次，除了他们自己，这对任何人都没有意义。尽管他们还年轻，可能需要冷静下来、放缓脚步，但到最后（我希望至少等到他们20多岁的时候），这必须由他们自己来决定。

当前似乎有一种趋势，人们会和孩子谈论"抑郁"的问题，对此我也有很深的疑虑。当然，我不是在暗示年轻人不会患上抑郁症，而是认为我们应该以正确的方式看待它。正如我一直在强调的，我们首先要把它正常化，看看能否将其作为一种自然情绪来解决，之后再去寻求来自外部的专业帮助。

现代思维好像常常把抑郁和悲伤混为一谈。我们的人生中会经历很多悲伤，而我认为，分辨不清悲伤的本质对我们毫无益处。处理悲伤虽然艰难，但却很有好处；为小事或大事感到悲伤，是正常且自然的。我们也必须记住，青少年是一点即燃的，青春期的情绪总是随意恣肆。根据我的经验，冷静和理智总能帮助青少年渡过艰难时光。而这又要归结到领导力的问题上。保持冷静、维持权威，不是凌驾于孩子之上，而是要掌控你们所处的局面，这会帮助你们迎得一个良好、妥善的结果。

如果已经确诊抑郁症，那就完全是另一回事了，需要专业的帮助和支持。在早期阶段，父母和家庭很难分清是这两种情绪中的哪一种在作祟。我觉得在最开始与孩子和年轻人交流的时候，上面的建议会是最好的方式：保持冷静，别妄下定论，注意不要随意贴标签，因为再想撕下标签会非常困难。我们不妨先假定这种情绪就是悲伤，由此开始，慢慢地往前推进，而不要在刚发现迹象时就飞速去找专业人士。

　　一些地方政府的管控比较到位，除非患病的年轻人已经采取了一段时间的严格作息和自助疗法，否则不允许用药和医疗。尽管如此，我仍然偶尔见到一些家长在很早的时候就通过私人途径获得了药物，这简直太荒唐了。

正义与公平

夏山被认为是世界上最早的儿童民主学校。在夏山,正义对我们来说是一件非常重要的事。我们无意惩罚社区成员,但关键在于以某种惩处来铭记这一时刻,不仅是为了让孩子们未来的行为举止能有所改善,也是为了让受害者感到正义得到了伸张,学校表明了立场。

孩子们很看重公平和正义,这对他们很重要,可能比我们成年人以为的要重要得多。在孩子们的特质中,我认为他们的正义感和公平意识是很强的,尽管这两个概念并不相同。夏山的孩子们能带着自己的问题来大会上讨论,这让他们有了正义感。重点不在于惩罚那个骑走你自行车的人,而是你能公平地被倾听,并且让其他人清楚地认识到,偷你的自行车是不对的,你不希望这种事情再次发生。换句话说,正义是指符合道德要求的行为。

正义也关乎你的感受,你说了自己想说的,那些话也都被倾听了,获得了人们的注意。作恶者也需要摆脱做错事的愧疚,感到生活可以恢复如常。公平是针对正义的施行是否道德而进行的评估判断。一直以来，我们都在体味着这个残酷的事实——没有人能一直随心所欲。自由并不意味着放纵！

在家中，正义和公平也非常重要，因为孩子常常会觉得兄弟姐妹受到的待遇和自己不一样，比自己要好。我们必须小心谨慎，公平、公正地对待每一个人，不能因为年龄或性别而有所偏袒。

重申一遍，我们都觉得自己在公平方面做得很好，但总该要有时间停下来回顾、评估和思考——我真的做到平等对待每一个人了吗？

我想起了最近和我聊过天的一个年轻女孩，她十五六岁，来自一个开明、有爱的家庭。在我们谈话的过程中，她说自己总是那个受责备的人，而她的妹妹总能逃脱惩罚，得到想要的一切。她觉得，只要出现问题，就总是她的错。她真的感到很不公平。我不知道这是否只是她个人的感知，可能她的父母会有另一种说辞，但我认为，如果她觉得是这样，那就是这样。所以我要再次强调，我们这些"悲催"的父母需要好好审视自己，扪心自问，有没有尽己所能地去实现公平。我们做的什么事可能让孩子们感到不公、不平衡，我们有没有公平、公正地对待每个人？

我听了一卷旧录音带，是我在孩子们很小的时候录下的。

录音里，最小的孩子还在牙牙学语，想对他的父亲说些什么。两个大一点的孩子的声音也插了进来，聊着一些琐碎的事情。听录音时，我震惊地发现，我正用咿呀儿语哄着年幼的小儿子，鼓励他继续发出声音，与此同时，我似乎完全没有顾及另外两个孩子。那真的是我吗？我实在为自己感到羞愧。

显然，你得有一点年龄意识。一个 2 岁的孩子比一个 5 岁的孩子更需要照顾，也更需要大人多一些理解。你必须活跃思维，找到合适的方法，确保双方都感到公平、没有被苛待，别忘了，2 岁的孩子有时候也会相当狡猾，并不总是我们以为的无辜小宝贝！

我和孩子们在一起时，会尽量将矛头对准争论本身，而不去挑边站队。问题在于人们之间的争执，而不是人。我期望他们能够努力解决问题，他们也应该这么做，而不是只会对着彼此尖叫发泄。

在他们很小的时候（可能还不到 4 岁），厨房里有一个我的橱柜，里面放了许多玩具和各种其他玩意儿。那些都是妈妈的东西，他们能拿出来使用、玩耍，但根本没有争执的空间，因为他们都不是这些东西的拥有者，只能想办法协商和让步。

这个办法确实管用，而且他们对此非常满意，也一定程度上促进了物品的整齐摆放（我从来不是热衷于收拾房间的人）。对孩子们来说，"请把我的东西放好"比"把你的东西放好"更容易接受，也更管用。如果发生了严重的争吵，我就静静地把东西放回橱柜里，直到所有人都愿意重新开始玩。

说脏话没什么大不了

让我们聊一聊大多数人不愿意在家里聊的话题。这个话题在家庭里可能会引发一些争议。我想谈谈脏话,在某些圈子里也被叫作亵渎[1]。大多数人都叫它脏话,尽管许多人都会时不时地说一两句脏话,但有一点是肯定的,那就是孩子们绝对不可以说脏话!

但我得告诉你们一个事实——孩子们也会说脏话。在同伴之间,在互联网上,在学校的自行车棚后面,还有在外面聚会社交的时候,他们经常说脏话。

这似乎是一个巨大的谎言,或者我应该说,这是成年人努力维持着的又一个巨大的童年谬言。很难说他们究竟是不愿接受现实,还是天真,或是彻头彻尾地一厢情愿。我们需要直面现实、解决问题。如果我们想要和孩子保持良好的关系,就必须能够与他们谈论说脏话这件事,并且是完全公开、坦诚

---

[1] 在宗教环境下,不敬神灵的行为或语言即为亵渎,于是亵渎也有脏话的含义。

地讨论。一味地下禁令的话，完全是在浪费时间，因为你根本没办法确保它的落实。我坚定地认为，如果你想要制定规则，却没有能力维持，是毫无意义的——只是在浪费时间和精力，平添一次糟糕的人生教训。

那么，让我们设想一个在大多数家庭中不太会发生，但并非不可能发生的情景。

有一天，14岁的女儿对你说，你他妈的真是个贱人。你该怎么办？

很多成年人都觉得说脏话是一件很严重的事。尽管他们可能自己也说脏话，却不能接受孩子这么做。这主要是因为人们认为孩子需要被好好保护着，不应该接触到生活的真实面貌，这一点我们在前面就说过，另外，也与"剥夺孩子的童真"这一概念密不可分。当人们认为孩子们"被夺走"了童真，就经常会使用这个说法。我一直都没搞明白，这里说的童真是什么意思，以及究竟怎样才可能把一个人的童真夺走。

如果有什么在剥夺孩子们的童真，我觉得是当前普遍认可的教育体系，它不停地追求学习成绩，缺乏自然、自由、创造性的游戏和玩耍，但那又是另一个话题了……

在夏山，如果愿意的话，每个人都可以说脏话。不过，我们有一条明确的共识，那就是不可以对着别人说脏话，或是用言语冒犯他人。所以，虽然在世界范围内，说脏话往往颇有冒犯意味，通常直接针对某个人，但在夏山，脏话却更像是一种"用后即废"的表达手段。比如，当你被锤子砸到了手指，嘴里可能就会蹦出一句脏话来。但如果你对着某个人说脏话，百分百会被告到学校大会。

总的来说，孩子说不说脏话并不是我们成年人能控制的。不管你喜不喜欢，你的孩子和朋友在一起的时候都会说脏话。你可以选择走那条熟悉的老路，对孩子严令禁止，又或者可以采取一个更理智的方法，把问题摊开来，和孩子一起讨论。

那么，回到女儿用脏话骂你这个问题。从夏山的角度来看，我们认为你没有权利教训她什么话该说、什么话不该说。她有选择的自由，但只要你不愿意，你当然有权拒绝听到这种话。而且她用一种非常冒犯的方式对你说脏话，这也是不对的。显然，你们需要好好讨论一下这件事。

你不妨告诉她，当着你的面这样说话是不对的。接着你也可以指出，在邻居面前也最好不要说脏话，譬如住在街那头的布朗先生，还有叔祖母赫敏，他们听了可能会很生气。与此同时，你必须挑明，在说脏话这件事上，她需要好好控制自己，负起责任。这是她自己的人生，她可以想怎么说话就怎么说话，但要明白，作为人，我们要有礼貌（基本的、良好的礼仪，不是女士优先、帮别人拉椅子这类人们通常称之为绅士礼节的东西）。有礼貌意味着要考虑到其他人对我们的言行会有怎样的

不管你喜不喜欢，孩子和朋友在一起的时候都会说脏话……最好的应对方法是开诚布公地讨论。

感受，如果可能的话，尽量不做冒犯别人的行为。你可能会觉得这样说比较合适，你不希望她在你能听到的时候或是在家里爆粗口。

我认识很多夏山的孩子，他们在假期或是去祖父母家的时候从不说脏话。学校里的孩子不可以在当地小镇上说脏话，有商贩来学校的时候，也不可以说脏话。在不同的场合控制自己的言语并不是什么难事；在允许的情况下，大多数时候，孩子们说脏话的频率比我们以为的要低一些。我想补充一点，如果在此之前，脏话一直是家里的禁区，而你决定做出改变，在家庭内开诚布公地讨论这个问题，那么就得做好准备——可能接下来的几天，你都会受到来自孩子的冲击——这是不可避免的，最好的办法就是无视它，除非这种行为冒犯到了亲戚或是家庭的朋友。

有时候会有夏山新生的家长联系我，说他们的小孩从夏山回家之后就经常说脏话，问我该怎么办。这通常是因为其他新生刺激到了他们，教了他们很多粗话，只是为了起到震慑的效果。我总是会告诉家长们不用在意，按照刚才说的那样去做，这种情况很快就会好转，事实也确实如此。

我5岁的孙女为了确保她的妹妹不会在幼儿园说脏话，可谓是雷厉风行，她还谨慎地告诫我们所有人，在哪里可以说脏话，哪里不可以。如果有谁不听她的话，就等着倒霉吧！

我父亲讲过一件关于我的趣事，那时我还是一个 4 岁的小女孩。我被告诫不能在客人面前说脏话。一天，我们家有一位老朋友到访，当时我正在捣鼓一个东西，但总是失败。我大喊出"该……"，然后突然停了下来，抬头盯着她，问道："你是客人吗？"她说她是一个朋友。于是我紧接着脱口而出："哦，该死！"

在你被孩子的口出狂言惊到举手投降之前，让我们看看这到底意味着什么。首先，如果你敞开心扉谈论，那么你就不是在制定那些无用的、肯定会被打破的规矩。"不可以说脏话"这个规矩连你自己也不可能遵守，那么沿着这条路走下去又有什么意义呢？

阐明你不想听到脏话的理由，这没错，但你得确保这是一次双向的讨论，而非你单方面对女儿的输出。她必须得准确地理解你想表达的意思，而你可以要求她尊重你的想法。如果家庭成员之间关系良好、地位平等，在这样一个理性的环境中，你的女儿会非常乐意遵循你的建议。但她可能也会有自己的请求，比如："妈妈，当我们在外面的时候，你可不可以不要总是纠正我说话的方式，提醒我记得穿外套，或者把我当小孩子一样对待？这真的让我很尴尬。"

好吧，为公平起见，现在你也得准备做出改变了，这可是协议的一部分。

家庭冲突

我的女儿艾米曾告诉我,她的孩子小时候在吃晚餐这件事上有过一点小"问题"。这天,她和往常一样做好了饭,孩子们原本在看电视,进来看了一眼食物,都不想吃,就回去接着看电视了。他们那时候分别是 5 岁和 3 岁。艾米一下子失去冷静,发了火:"如果你们都忙着看电视不想吃饭,那我干吗还给你们做饭吃。你们待会儿肯定会饿的。"当然,她说的没错。

只要你不是在欺负或者吓唬孩子,遇到状况时完全可以发脾气。表达出你的感受非常重要,只要你做好了聆听的准备,也愿意在孩子对你生气的时候承受他们的怒火。

之后,他们理智、平静地讨论了这件事。艾米说,她受够了给他们做饭但他们甚至都不打算尝一口。她认为,孩子们的注意力被分散了,没法认真地吃晚饭。讨论的结果是,他们一致决定在晚餐时间关掉电视,而这个办法似乎也真的奏效了。

一些家庭在为房间杂乱而苦恼。房间乱是一个困扰所有父母的问题，很难解决。在夏山，清洁人员每天会把学校的主要区域打扫干净。之所以这样安排，原因有二：一是出于健康和安全考虑，二是我们必须要保持学校的干净整洁，因为这里是学校。

依我们的经验来看，孩子们可不乐意保持自己所在区域的整洁，所以与其创造出一个可能会持续存在、永远无解的问题，我们宁愿选择用别的方式来保持学校的整洁。不过，清洁人员只会帮年幼的孩子把房间清扫、整理干净，高年级孩子的房间需要他们自己负责。我们有专门的"宿舍监察员"，负责管理那些不在清洁人员职责范围内的房间，检查它们的清洁情况，我们还有一个"健康与安全委员会"，每个学期会巡查几次，检查房间是否存在健康隐患，灯具等设施是否安全。委员会由7人组成，其中既有孩子，也有成年人，并且始终包含对火灾隐患之类的安全问题有经验的成员。

至于在学校外部，我们设有常规的劳动处罚，能在垃圾清捡方面起到很大作用，我们也会偶尔地进行全校大扫除，所有人一起清扫大约半小时，但并不是强制性的。

在家里，我总会尽量把我和孩子们各自的事情放在个人层面，而不是将其视为道德问题。所以，清扫不是什么"应该"做的事，而是因为我需要你们的帮助，不然我就只能自己做了。

现实中，如果你家里有年幼的孩子，就得做好清洁和整理的准备。尽量让家里的空间简单一点、易于打理，最好能给孩子一个自己的房间，弄得再乱也没关系，你只需要差不多每周清理一次。

父母必须面对现实。记住，在一个和谐的家庭里，父母和孩子都享有自己的权利，但也要理解孩童的天性，他们确实注意不到周围的杂乱，因而这对他们来说也并不重要。试着去找到平衡吧。我不介意孙子孙女在我家尽情游戏，把沙发上的靠垫高高叠起，或是把玩具扔得到处都是，我会很乐意跟在他们身后清理干净，但如果他们在我的房子里争斗吵闹，我会立马制止。毕竟，这是我的房子！

有时候，父母以为孩子们需要学习如何打扫卫生，这样将来才能成为一个整洁、爱干净的成年人。但我们并不期待孩子们在家里做饭，将来就能成为好厨师，所以学习打扫卫生这个观点是站不住脚的。成年人将家里维持得整洁干净，在这样的家中生活，更可能培养出爱干净的孩子，想想看是不是这样。

在夏山，我们有监察员和学校大会处理纠纷，但在家里却没有这么简单。努力做一个公正的观察者吧，这很难，但却是头等重要的事。如果你能从自己私人空间的立场出发，会很有效果，比如："你们这群小家伙，快停下来别吵了，你们在这里吵吵嚷嚷，吵得我快疯了。"如果是年幼的孩子，我们应该将矛头对准争吵本身——这样,你就不会偏袒任何一方。

有可能的话,尽量找到一个折中的办法,保持幽默感,用不带任何嘲讽的方式调侃一下当前的状况,大事化小。最重要的是要记住,争吵是孩子们的动物本能,是他们认识冲突和学习妥协的方式,所以,这会是很好的学习经历!

他们会争辩、互相指责,会有人掉眼泪,小孩子吵架就是这样。别让它影响你的心情,尽量保持你的幽默感。不要总是不假思索地认为年长的孩子就是过错方,小孩子也会有意无意地惹恼大孩子。要始终保持公正。

这些都是夏山的监察员每天会做的事情,他们要处理大小孩子之间不计其数的问题。有些可能在成年人看来是微不足道的小事,但我们也应该认真对待。不过,孩子们确实得明白,鸡毛蒜皮的小事无关紧要,咽下去消化掉就好,不用放在心上。俗话说得好,棍棒和石头或许能打断我的骨头,但话语绝不会伤害我。

让孩子上床睡觉对大多数家庭来说都是个难题。在夏山,就寝时间由学校大会规定,并且有专员确保执行,不遵守规定的人会受到相应的惩罚。与大多数家庭相比,夏山的就寝时间相当晚:

年龄最小的孩子(6～9岁) 晚上8点上床,8点半熄灯,夏季学期和周末（星期五和星期六）推迟半小时。

年龄次小的孩子（9～11岁）晚上9点上床，9点半熄灯，周末推迟半小时。

年龄中等的孩子(11～13岁)晚上10点上床，10点半熄灯，周末10点半上床，11点熄灯。

年龄较大的孩子(13～15岁)晚上10点半上床，11点熄灯。星期五推迟半小时，星期六推迟1小时。

年龄最大的孩子（15～18岁）晚上11点半上床，他们必须待在房间里，但可以开着灯。"懒虫日"（早晨不用早起）前一天晚上没有规定就寝时间，但11点半之后必须待在自己的房间。

在夏山，"起床"也有规定，就寝专员会在早上8点叫醒每个人（包括职工），如果你在8点半还没有起床，就会受到惩罚。惩罚可能是午餐时排在队伍最后面，交纳小额罚金，或是24小时电子产品禁令。

规定有时也会弹性变化,有时会准许棚屋的孩子（13～15

岁）睡觉前在房间里走动，或是晚一点熄灯，甚至还可以看电视——但所有这些考量首先应该建立在孩子们尊重校规的基础上。就寝规定通常不会有大幅度的变动。尽管年纪小的孩子经常提出想推迟就寝时间，但其他社区成员都认为他们需要更多的睡眠，议案只能作废。

在私人家庭中，情况则截然不同，这里没有就寝专员敦促大家上床睡觉，我们会回到那种老一套的大人与孩子对立冲突的情景。如果孩子们前一天晚上玩得很累，第二天早起去上学就会变得格外艰难。大多数家长会觉得有必要坚持立场，这是可以理解的。我认为，对于年龄稍大的孩子，可以和他们好好聊一聊，阐明你的难处，比如早晨叫他们起床上学很费劲，等等。不过，周末的时候适当做出一些让步，或许是个不错的主意。

权力争夺没必要

成年人和儿童对权力和控制权的无休止拉扯，是现代家庭教育中反复出现的问题。在大多数现代家庭教育体系中，父母被期望能够保护和掌控自己的孩子，而孩子必须以父母为学习榜样，并服从父母。听起来很简单，但实际上，这条路阻碍重重。

在一些家庭里，一切都进展得很顺利，因为不管遇到什么问题，都能比较轻松地解决。但在许多其他家庭中，心痛、愤怒和误会交织上演，成年人和儿童都感到非常忧虑和不安。有趣的是，许多父母对于自己无所不能的角色本能地感到不适。很多非常传统的父母纷纷吐露他们的担忧，担心自己指引的方向不够好，担心孩子缺乏掌控自己命运的能力。这就导致了一个现代常见的问题：父母在没有考虑清楚界限的情况下，就给予孩子过多的决策权。

最后我们常常会发现，孩子被宠坏了，他们颐指气使、专横霸道。而父母不敢表现得更强硬。这往往是因为他们无论如何都不想成为上一代那样的父母；他们刻意规避那样的教育方式，但由于没有充分的准备、信息不足，很可能会犯下错误。要处理这种情况，父母通常需要帮助和指导，他们还需要卸下心理负担，重新审视自己的教育方法，即便看起来失败了，也不要过分自责。

过去，孩子们在社会中的角色与现在大不相同。例如，伊丽莎白一世①时代的孩子几乎被当作成年人一样对待。他们不像今天的孩子那样被过度保护、隔绝在各种景象和体验之外，他们能够谈论成年人的话题，做成年人的体育运动和游戏，甚至可以观看处决。

人们总说，现在的孩子成长得太快了。而事实上，在中世纪时期，男孩们7岁就可以工作，会因偷窃罪而被判处绞刑。14岁就可以结婚，15岁就能够参军。12岁的公民就能加入陪审团。在克雷西战役②中，年仅16岁的爱德华王子负责指挥先锋队，也就是军队的第一营。

夏山刚刚成立的那段时间，正值两次世界大战的间隙，我父亲所面对的是一群和今天完全不一样的孩子。那时候人们普遍认为，孩子应该受到严格的管教，他们总能听到"等你父亲回家"这样的话，到那时他们可能就会受到叱骂或者

---
① 英国女王，1558~1603年在位。
② 英法百年战争中的一次经典战役，发生于1346年法国的克雷西，以英军获胜而告终。

挨一顿揍。而在 1921 年夏山学校成立的第一天，尼尔就禁止了一切体罚。

和今天相比，在学校刚刚成立的那段日子，人们极少表露出情绪，哪怕是对自己的家人。当时的社会过分强硬，阶级结构僵化，对于强加在身上的期望和要求，几乎没有人敢反抗。孩子们被要求乖乖听话、少出声；社区里的大人和孩子一样，每个人都安分守己，唯恐被他人非议。毋庸置疑，这导致很多孩子直到成年后依然生活在痛苦之中——压抑的情绪无从释放，行为受控、内心受挫与愤怒不满形成闭环，这成为当时许多人的常态。

今天的家庭则面临着截然不同的问题。在养儿育女的庞大迷宫里，大家多少有些失去了方向。尽管"过去的日子"是专制的、压抑的，但人们至少知道在等级分明的生活和社会秩序中自己所处的位置，有一定的安全感。当然，那时的许多育儿方法绝对是难以接受的：在 20 世纪早期，因为实行特鲁比·金提出的"四小时喂奶法"，母亲可能只能坐在楼梯上抹眼泪，却不敢去给哭得声嘶力竭的婴孩喂奶；在学校，孩子们学习只靠死记硬背，如果记不住乘法表，就会被教尺敲打指关节（甚至更糟）。

如今我们都认同这一切是压迫性的，体罚更是野蛮的。而我们用什么替代了这些方法呢？多年来，出现了一些杰出的权威著作，例如斯波克博士的育儿手册[①]。这些著作帮助扭转了形势，创造出了更加人道的养育方法。但它们中的大多数都已经在时间的迷雾中淡出人们的视野。我想，现在恐怕没多少父母听说过斯波克博士吧！

现在，许多家庭可能行事都更加随意。我们经常能看到孩子从自己豪华的卧室——从电视、投影仪、立体音响到网络、电脑或者游戏机一应俱全——被叫出来吃饭，被要求必须吃掉碗里所有的蔬菜。孩子会阴沉着脸，或者态度激烈地表达不满，然后没费什么工夫就逃离了餐桌，碗里的蔬菜动也没动一下。但冲突并没有消失。父母仍会试图在一些本应让孩子自己选择的事情上保持权威，而孩子会以叛逆和乖戾的行为来反抗权威。于是，对于家庭中的双向霸凌和不愉快的氛围，人们的容忍与默认逐渐成为常态。

在夏山，我们从不会面临这些琐碎的争执，只因为我们深知它们是不合理的。就算我是成年人，又有什么权利告诉孩子该吃什么呢？指摘别人饮食的行为毫无道理，除非有切实的科学依据。

读者朋友，如果我邀请你共进晚餐，做了一盘你不喜欢的

[①] 斯波克博士于1946年出版的《斯波克育儿经》(*Baby and Child Care*) 中告诉父母要爱护孩子，及时给予回应，在他们有需要的时候喂食，更多地相信自己的直觉。这与早前特鲁比·金等人创作的育儿手册的观念截然相反。——原注

菜，然后要求你，不，是命令你全部吃下，你会是什么感受？那为什么当对方是孩子，当他的体格不如你高大、心智不如你成熟的时候，这种做法就变得可以接受了呢？如果这种事情真的在成年人身上发生，会被视为无理的欺凌。

不过，另一个同样常见的问题是，给孩子提供一切他们可能想吃的东西。"我不想吃这个"是孩子们常常挂在嘴边的话。正确的回答呢？"好吧，那就不吃。你要是饿了的话，厨房里还有很多面包和奶酪。"

有些成年人认为，只有遵循特定的饮食，孩子们才能养出健康强壮的身体，他们听说了孩子们在夏山的饮食后，可能会感到十分震惊，比如，许多年幼的孩子可能很多时候主要吃碳水化合物，健康却没有受到任何损害。饮食问题会造成巨大的冲突，通常是因为孩子会很快意识到他们可以掌控自己的生活，因为没有人能强迫他们吃东西！如果父母在最开始就能冷静下来，情况会好得多。而出于对孩子健康的担忧，给他们提供想吃的任何东西，这与强迫他们吃不想吃的东西一样糟糕。

很多新生刚来夏山的时候，我们会被告知他们有乳糖不耐受的问题，或是这个不能吃、那个不能吃。然而，通常只需要几周的时间，孩子就会把这些限制完全抛到脑后，懒得去喝自己的"专属"牛奶，对着休息时间的供餐大快朵颐，却依然很健康。

如果命令成年人去吃他们讨厌的东西，
会被视为无理的欺凌。

在夏山，我们见过很多挑食的孩子，他们在经历了各种饮食阶段后，最终都长成了身强体健的年轻人，并且饮食均衡、味觉灵敏。

那么，说回权力争夺。如果你正在重新学习为人父母的角色，在开始的时候还是需要谨慎应对。不过实际上，父母和子女之间根本不必进行权力争夺——只需要交流、协商和让步，要是能融入适当的温情、爱与幽默就更好了。

划定界限

在我家，安全始终是放在首位的。但我的孩子们在一个农家小院长大，庭院中间有一个面积不小的池塘，四面都没有围栏，没有人掉进去过。一天，一个朋友的儿子来和他们玩，这个孩子大约10岁，没过多久，他就在扮傻胡闹的时候在池塘边滑倒，落进了水里。他好像不太习惯冒险，以至于判断力也不如相应年龄应有的那样敏锐。玩游戏的时候，他看起来笨手笨脚的，完全不了解自己的肢体能力。我的孩子们在一旁看得目瞪口呆！

当他们还在蹒跚学步的时候，我们划定了一个安全区域，不过随着长大，他们慢慢变得足够可靠和理智，虽然确实有过挑战底线的行为。讲到这里，那只小木筏不由得浮现在我的脑海里。我想这是哥哥威尔的发明，他大胆地带着弟弟亨利划着小木筏横渡池塘。他们玩得那么高兴，在池塘里漂浮着，用一根歪歪扭扭的杆子做桨，在水上摇摇晃晃、危险地划着。前几天我找到了一张当时的照片，我真为自己年轻时对他们的信任而感到战栗！

但那时我是对的，重来一次我还会那么做。你不可能把孩子裹在一个安全的茧里，这样对他们未来的生活并没有好处。我家池塘边的一棵树上，到现在还挂着一条磨损的绳子，孩子们以前会抓着绳子荡过水面。这对父母来说是很吓人，但你有时候必须努力克制自己的焦虑，以及父母式的"万一"假设，让孩子们去冒点险。哪怕你用棉花把他们裹起来，也不会对他们有任何益处，真相就是如此。人必须在生活中体验身处危险的滋味，才能学会在自己的安全警报响起时刹车自保。

我们绝不会让孩子愚蠢地冒险，或许会提醒他们稻草垛可能不稳，要留意歪斜的草捆，除此之外，我并没有回想起来什么让我感到非插手不可的时刻。孩子们会跌倒，受些小伤——但我在夏山看到，如果有人重重地摔了一跤（这种情况非常少见），受伤的孩子反而会生出自豪的情绪，认为这是最值得拥有的战斗勋章！我记得在我小时候，孩子们相互比较伤疤，而我没有，那时候我感到有些难为情。直到我在努力阻止两只公猫打架的过程中被狠狠咬了一口，事后留下了一道漂亮的伤疤，这道疤痕直到今天我还保留着。

别不停地告诉孩子不该做什么。如果你不想让他们做某件事，就把它扔得远远的。如果它并不危险，也不会让别人恼火或不快，那就让他们去做吧！

我是以十分谨慎的态度说出这些话的,因为孩子们骄纵跋扈、大吵大闹、盛气凌人的样子正是能惹怒我的事情之一。我一次次看到这样的孩子,举止无礼、一意孤行,父母不断地要求他们停止某种行为,他们却充耳不闻。他们的父母似乎就是无法直截了当地说:"别像个白痴一样,你不能这样做。"

在刚来夏山的那段时间里,孩子表现出来的任何社交困难,几乎都是因为他们在生活中没有严格、明确的边界。他们不懂得与他人共同生活需要互相尊重。当然在一定程度上,孩子对此不太理解也是正常的,认识自己和他人的边界是成长中一个持续不断的过程(尤其是对独生子女来说)。但有一些孩子却是因为被溺爱过头,这种情况对学校社区来说是最难处理的。

给孩子一些空间和时间

允许孩子保持安静、平和、好奇，让他们过自己的生活。事实上，即便是很小的孩子，也喜欢且需要不受成年人打扰的独立空间。

正如前面所说，我对儿童电视节目有很大的意见，因为主持人总是用一种不自然的兴奋语气说话。这首先展现出他们对儿童及其需求的一无所知——就在孩子们放学回来或刚结束白天的活动正需要放松的时候，把紧张和兴奋的情绪带给每一个家庭。我认为最完美的主持人无疑是电影《窈窕奶爸》[1]中罗宾·威廉姆斯饰演的道特菲尔太太，她和孩子说话时像对待普通人一样——有智慧的人，只是年龄小、缺乏经验，仅此而已。

所以，我经常建议父母不要对孩子发出的每一声低语都予以回应，或是在他们玩耍的时候喋喋不休地闲聊，当然也不用

---

[1] 克里斯·哥伦布执导的美国喜剧电影，罗宾·威廉姆斯在其中饰演一位父亲，他离婚后为了能多亲近孩子，男扮女装成家政妇女。

对他们做的每件事都有所反应，不论是积极的还是消极的。

我们都需要逐渐习惯从事情本身获得乐趣，而不去期盼外界的持续反馈。孩子们需要能够在没有成年人影响的情况下享受自己的世界。有种观点认为，我们应该对孩子做的每一件小事都不吝赞美——"给他们自信"，这是最令我头痛的问题之一。没有什么比得上我们自己通过努力获得的自信。当然，分享成功、得到肯定是一种不错的体验，但我们的快乐首先应该源于自己的能力。

幼儿期过后，孩子们需要有自己的时间和空间，在游戏或积木搭建中去经历成功和失败，在没有成年人在一旁提供帮助和鼓励的情况下独立完成任务。显然，如果你的孩子独自一人，那么你需要与他进行一些交流，不然他可能会感到孤单。没有人说孩子应该一直一个人待着，只是他们需要拥有这样的时间，甚至被鼓励独处。你可以表扬孩子，但不妨把赞美的话留到压轴吧。

夏山的孩子们经常说，他们感到很自在，可以安静地待着，可以感到无聊，也可以独处。对他们中的许多人而言，这是人生中的第一次，因为他们从前的学校或家庭生活从未满足过这个需求。在夏山，你经常能看到有孩子独自坐在秋千上，就只是坐着。

曾经有来访的人问我："那个孩子看起来有点难过，为什么没有人去看看她？"

为什么？因为她想一个人待着。孩子们完全可以决定自己是否需要人陪伴。如果需要，她会主动寻求别人的帮助。

去年，我们这儿有一个5岁的小女孩，她花了很长时间一个人骑行，四处探索、游览，玩得很开心。她并不是独行侠，经常和朋友们一起玩，只是也很喜欢独处。大多数孩子在从其他学校转来夏山之前，总是被指挥着做这做那，当突然发现只能自己找事干的时候，他们可能会觉得有点迷茫。不过，很快他们就会习惯，并且能找到自己的兴趣所在。我记得当我还是个孩子的时候，在夏山也有过一段无聊的日子，我就是提不起兴趣去找点什么事情做。然而，如果有人建议我做点什么，我可能会拒绝！

我们的一个职工迈克给我讲过一个故事，有一天他从窗户往外看，一个年龄很小的女孩——就是那个5岁的小女孩——正一个人在操场上玩。她看起来是那么地开心、平静和自得其乐，让他不由得惊奇地注视着她。过后，他说觉得自己这种偷偷观察的行为也是一种打扰，于是转过头不再看她，让她能真正地独处。

在家里的时候，一旦情况有一点不对，我们成年人往往会生气，开始对孩子进行分析、揣测和规劝。但实际上，孩子们对谈论行为和感受并不感兴趣，也不想聊自己为什么要去做不应该做的事。他们关心的是与自身切实相关的事情——"我好无聊，我好冷，我好饿"。他们不想听什么分析和道理，更不用说以大人的方式"坐下来把事情聊清楚"。

用简洁的表述把事情解释清楚就可以：

"爸爸现在急得上蹿下跳，又是摆手又是尖叫，因为你刚刚把他的笔记本电脑丢进堆肥箱里了。"

我觉得这样就很好，如果你感到不高兴，那就把情绪表达出来，谁不会生气呢？但尽量简单点。只说笔记本电脑和堆肥箱就好，别说什么"你为什么要这么做"或是"让我们聊聊你为什么这么自私、这么不懂事"。

尼尔跟我讲过一件事，说他的一个学生未经允许就挖了他的土豆。为此尼尔去了学校大会，他非常生气。人们可能会指责他，竟然生一个孩子的气，但他的观点正和我上面提到的一样。他生气，不是因为孩子顽皮，而是对土豆被挖感到生气，仅此而已。无关道德评判，也不是为了让孩子内疚——那些可是他的土豆。我不能把你的笔记本电脑扔进堆肥箱，同样地，你也不能去挖别人的土豆！

夏山大会往往也会展现出这样的态度。大多数时候大家都是不加评判、简单直接的。"你不应该那样做；作为惩罚，你得去捡 20 分钟垃圾"，结束。就这么干脆！

有时候我们会听到夏山的学生说："我忍不住会生气，我生气的时候就控制不住自己。"我猜测可能是一些出于好心的成年人、父母或老师让他们这样认为的。有时候他们会用患有多动症或其他类似的疾病作为借口。

我听很多父母说起过，他们的孩子由于这样或那样的原因，如何控制不了脾气。他们常常会和孩子讨论这个问题，就如何冷静下来，或如何控制自己的愤怒提供帮助和建议。这会让问题更严重，或者说，这么做反而会让它成为问题。是的，我们都能够控制自己的情绪。这并不容易，但只要给予一定的时间，哪怕是孩子也能做到。

在夏山，我们对此确信无疑。有时候一个人会因为坏脾气而做出不好的行为，当被告到大会，他可能借口说没法控制情绪。大会的回答总是如此：

"嗯，其实，你可以控制你的情绪；每个人都可以。所以别再找借口了，只管行动起来！"

一段时间过后，他们都能做到。这可能听起来像是艰难的一课，但这就是现实。我们可能做着不同的事情，有不同的想法和观点；可能走上不同的道路，有不同的性格，但我们都是人，共享着祖先几百万年传承下来的特征、天性、情感和直觉。所以，我们的首要技能一定是人与人之间的交流和让步。

大多数人都没有思考过真正地长大需要多少时间。我们往往认为，只要孩子长到十八九岁，童年就结束了。但见证了那么多孩子在夏山以及之后成长、成熟的经历，我很难不去质疑这一点。

年轻人成长和成熟的过程会持续很多年。我们对孩子的担忧——比如他们对未来的计划、动力、勇气、自信，这些方面的发展往往会比我们预期的要晚得多。

我想到了我的女儿艾米，一个在夏山出生、长大的真正的夏山女孩，她性格安静，大多数人都这么说。她不是什么"壁花小姐"，她演过几个角色，在自己的团队里很出色，只是并不热衷于表现自己。随着慢慢成长，她变得越来越坚韧、强大。据当时她的几个同龄人所说，她变成了一个相当有威慑力的"大孩子"，尤其是在面对那群总喜欢挑战学校就寝规则的男生们的时候!

如今她在农场工作,每当看到颤抖的种子销售代表或玉米采购员不得不面对艾米,和她讨价还价的时候,我都会忍俊不禁。尽管她姿态得体,但在各种事务上,她都是一股不容忽视的力量,而且一定能让对方给出极限的价格!

能够自我定义、明白自己的重要性,这会给人强大的力量,不论我们是从家庭还是学校,抑或是从这两者中学到的。它有时可能来得慢了点,但如果你成长于一个平等的环境,从中收获了强大的自信,心底的力量便会在合适的时机自然浮现。

接受孩子真实的样子

每个父母都愿意相信自己的孩子是特别的——诚实、优秀又善良。但在成长过程中，孩子总有表现不佳的时候。我们在夏山注意到，孩子们有时会表现出不同的性格，"试用"一段时间再判断自己是否喜欢。

如前面所说，我们经常看到孩子们改名字（真的很常见）；小偷小摸、拿走室友或朋友的小物件，他们可能变成小恶霸或是违反纪律的人。偶尔，他们会跟一帮看起来与自己性格并不合得来的人混在一起。这一切都是成长的一部分，都是尝试的过程，就像试衣服一样，而且他们通常会发现，旧的那套可能才是最喜欢的。也就是说，有时候他们会由坏变好。一个暴躁易怒的年轻人可能会突然找到一群能带来积极影响的新朋友，从而发生彻底的转变。

对于父母或任何成年人而言，这类事情确实有些难以接受。可我们都这么干过，我们都经历过那些阶段，我敢肯定大家都会觉得往事不堪回首。那些"哦，不，我绝对没做过那些事情"的时刻，最好还是忘掉吧！

保持幽默和轻松依然是最好的处理方式。这并不是说不把年轻人当回事，而是说这只是成长的阶段，如果你能保持冷静，不要反应过激，问题到最后都会解决。

无论是为人父母还是从事与孩子有关的工作，我们都需要准备好接受他们真实的样子，不管他们做什么，都给予支持和无条件的爱。这并不意味着让他们为所欲为，或赞成他们做的每一件事。如果你觉得孩子做错了，大可以告诉他们，但一定要让孩子知道，你仍然爱他们。坚守严格的界限至关重要，但情绪化的评判绝不可取。我们必须努力不带偏见地评判，可以表达反对，但绝不要道德说教。

如果孩子对你撒谎，你首先要做的是正常对待。只不过是撒个谎罢了，你可不要被冲昏头脑，上升到道德高度，也不必为此感到如何痛心，或是不停追问孩子说谎的动机和理由。

孩子们有时候会说谎，他们就是会这样做。他们通常只是在美化自己的故事，也许会有些失去控制。如果你提出质疑，孩子可能也不是很确定自己是不是在编故事。有时候他们只是有点混淆了真实和想象。我们都希望最亲近、最爱的人称赞自己，所以有时候会编一些故事，然后因为对方的反应，这个故事可能会越编越复杂，自己也在谎言里越陷越深，直到我们突然发现，已经很难不伤面子地全身而退了。这不一定和你本人以及你过去与孩子相处的方式有关，通常只与孩子自己有关，与他们心中以为的你对他们的期望有关。

像这样编造故事、夸大事实，或是真的撒下弥天大谎，都可能是学习不说谎的重要过程。首先，你得扮成一个说谎的人，这样生活一段时间。接着，你会不断地面对自己说出的话所导致的后果。然后，但愿你能明白过来，认清这样一个事实，那就是总的来说，你还是更喜欢做一个说真话的人。

孩子就是孩子，他们需要这样做。我们必须理解他们，并且做好准备，用幽默与理解的态度去接受孩子有时候会做的事情、会说的话，尤其是不要惊慌失措，觉得他们这辈子就毁了，或是认为必须寻求某种专业的帮助。

就在前些日子，我收到了一位家长的邮件，她的儿子在夏山读书。她非常担忧，因为她的孩子说，有人弄坏了他重要的东西，而这件事却没有得到任何处理。在调查的过程中，我们发现并没有人弄坏过他的物品，实际上是这个男孩自己不小心弄坏的。我没有探究他这么说的原因，因为这其实并不重要。他编造了事实，会为此感到内疚，但这件事会成为他宝贵的学习经历，影响他的一生。

孩子到底有没有去上课，也是一个常见的问题。孩子们感受到父母的期待，有时候会编造一些缺课的理由：课程太简单啦，不感兴趣啦，同学都没我聪明啦……

告诉父母他们的孩子说了谎，是一件挺难的事。这有点像是在告诉他们，你们当父母当得很糟糕——这对大多数人来说都十分忌讳。

通常，我会得到这样的回答："噢，亲爱的，这显然是个误会，但没关系，一切看起来都挺好的。"有时我也会遭到质问，说我怎么能暗示孩子会对他们的母亲或父亲撒谎，他们之间一直都非常坦诚。

但这与诚实无关；而是关于成长、学习和犯错。我们需要谨慎处理，而且不管发生了什么、听到了什么，绝不能羞辱孩子。如果可能的话，我常常会选择什么也不说。如果没有必要追根究底，那我就不会再提它。最关键的是，绝不要试图"揭穿他们的谎言"，以至于破坏彼此间的信任或是羞辱了孩子。最好就放着不管，直到某个时候，通常是很久之后，你可以随口提及，其实一直以来你都知道真相，这根本没什么大不了的。有时候，做一个让人惊讶的大人，会让你收获很多别样的尊重！

曾经有一个很可爱的洗衣粉广告，看得我忍不住笑出来。广告里，一个小伙子在参加完格拉斯顿伯里音乐节[①]或类似的活动之后，把脏衣服带回家给他妈妈洗。妈妈略带责备地说儿子把衣服弄得这么脏，而他说妈妈在年轻时候可能也干过同样

[①] 世界上规模最大的露天音乐节，举办于英国阿瓦隆岛，由农场主艾维斯夫妇于1970年创办。

的事。

那位妈妈有点顽皮地笑了:"是的,我们是可能这么干过,但我们年轻时可没有把任何脏衣服带回家洗,因为我们根本不穿衣服!"

接着镜头扫过男孩的脸,他难以置信地瞪大眼睛,妈妈则看起来一本正经又无辜,因为在20世纪60年代那段令人沉醉的日子里,大家确实经常在音乐节上把衣服脱掉!

有时候,孩子并不会从自己所犯的错误中吸取教训。有些孩子会找很多借口来解释他们为什么撒谎、欺瞒或霸凌。在我看来,这是由于情感上的不幸,需要更严肃认真地对待。在夏山,我们尽可能地给予孩子充分的自由,让他们能够在学校大会的框架、民主决议及监察员制度之中探寻自己的方向,同时依然走好自己个人的路。这段旅程可能需要花一些时间,但总的来说,他们要独立做出自己的选择;在与他人共同生活时,他们会明白什么样的行为是可以接受的,到最后问题就能解决。

玩耍,与朋友聊天,和沉着冷静、没有太多私人感情介入的成年人在一起,这些都有助于心灵疗愈,不过在当时,孩子并不知道。或许在家里,大家庭的其他成员或值得信赖的家庭好友可以提供不同的视角,与孩子建立更为轻松的情感联结,不像与他们最亲近、最亲爱的父母的关系那样紧张。

当专业人员帮助野生动物或被虐待的动物康复的时候，他们会采用"进退法"，即先给一点压力（进），然后迅速移除（退），这样动物就会试着去相信你不会侵犯它们的领域。

我们注意到，有很多学生会骑好几个小时的自行车，就只是绕着学校操场，来回上山下山，绕着黏土丘、绕着房屋不停地骑，就好像他们是在骑着车离开旧日生活，进入新的天地。骑行让他们能在沉浸其中的同时，自在地观察新环境，慢慢融入进去。我们能从这件事中获得启示：一块场地、一片空间，再加上一个角色任务（在这个例子中，就是骑自行车），就可以让人慢慢地融入人生的新环境。

我不断提到动物训练，对此我可没打算道歉。近距离地观察野生动物或家养动物，能给人很大的收获，也能让我们了解自己，了解我们人类。动物是靠直觉做出反应的，我观察到很多孩子也一样；事实上，我们都一定程度地依赖直觉，但随着年龄增长，我们变得更注重"思考"而非"感受"，而孩子仍然保持着丰富的情感和敏锐的感受力。

人类花了数百万年的时间才抵达所谓的文明社会，而我们曾经依赖的许多本能似乎都已丢失，但它们并没有真的丢失。我认为我们需要学着去更多地聆听自己的本能，就是那种简单而古老的本能，它会告诉你该不该从那块高高的石头上跳下来。（当然，如果本能说不要跳，那就别跳！）

为孩子提供一个像夏山这样的环境，让他们卸下传统学校生活必然会带来的压力，这在日常家庭生活中并不容易实现。那么，我们能做什么呢？

站在孩子这一边。聊一聊教育制度多么愚蠢——如果你确实是这样认为的，以及这种制度的局限性——它无法真正地触达并调动孩子的整个身心。在超负荷家庭作业或考试结果这种事情上，一定要始终站在孩子这一边。

尽管大多数父母都无法改变学校或是实行家庭教育，你仍然可以帮助孩子应对学校的压力，关键就在于你对学校的态度。要让孩子知道，不是只有他们自己有这种看法和疑虑，这是很重要的。

最后同样重要的是，尽量多给他们一些时间待在家里，抛开压力、无忧无虑地做一个孩子，尽情地玩，拿着小弓箭在花园里穿梭，或是和朋友聚会，不论什么形式都可以。

别把电脑和游戏妖魔化

游戏不全是坏的。它也可以是一项社交属性很强的活动，孩子们经常在玩游戏的时候互相交流。他们也在电脑上学到了很多技能，比如阅读、制订策略和用键盘书写。

所以，最好别把游戏或电脑完全妖魔化。夏山学校的规则是非常明确的。平日的上午9点到下午4点，以及就寝时间过后，不允许使用电子产品娱乐。

如果被抓到，会受到禁用电子产品的惩罚，通常持续时长为24小时，最高可达48小时。如果你违反了禁令，就会受到学校大会的审议，按照规定，电子设备会被暂时没收。总的来说，这套规则一直行之有效。我们选出了"电子警察"，他们有权当场就处以罚令，而不用再上大会。如果有人一直违规玩电子产品，学校大会可能会介入。被同学发现长时间玩电子产品、出于担忧而告到大会的情况发生过很多次。有时候被告的学生会向大会申诉，说自己是例外情况，如果他们能给出充分的理由，我们可能会予以通过。

有趣的是，很多成年人在受到质疑的时候，确实会承认自己使用电子产品过于频繁，所以父母们需要以身作则。如果你时常看手机，即便是因为工作，不仅对身边的人很不礼貌，还会给孩子们树立坏榜样。连你自己都没法遵守的规矩，肯定无法让孩子好好执行。如果家里还没有立好规矩，或许可以规定，在家庭用餐时间全面禁止使用电子产品。

有时候会有父母跟我们说，他们的孩子玩游戏上瘾。首先，我觉得我们应该非常谨慎地使用"上瘾"这个词。上瘾是一种相当严重的状态，人会完全依赖某样东西，以至于脱离正常生活，通常会带来非常糟糕的后果。许许多多的孩子沉迷于电脑游戏和电子产品，似乎已被它们彻底掌控，但这绝对不是上瘾。使用这个词就是在暗指这个人无法停下正在做的事，将他放在了受害者的位置，从而为他的不作为免除责任。

很多年前我也玩过电子游戏，那时候还是在游戏机上，但同样兴奋又刺激。首先你会发现，打游戏的时候时间过得飞快。所以对玩游戏的人来说，紧凑的时间表似乎很不合理，因为可能你刚进入状态就不得不停下来。也许可以延长游戏时间（就像我们在夏山做的那样），但要降低频率。认真坦诚地讨论一番，看看有没有对双方都更好的方案，这会是个不错的办法。或许应该定立一些严格的规矩，尤其是在刚开始的时候。

在这个摩登时代，换作是我，一定会给家里的孩子设一些限制。我们必须要记住，研发电脑程序的这帮人都是大型跨国企业的高薪阶层，专门研究如何让产品尽可能地吸引人，这样他们才能够从中获利。我们得牢记在心，在电脑游戏公司和那些蛊惑人心的游戏的强大力量面前，一个孩子是不可能充分约束自己的。他们需要我们的帮助和理解，也需要我们的诚实与力量。

寻找最佳解决方案的过程也应该让孩子参与进来。是的，我会建议父母坚持自己的立场，不要让孩子毫无约束地使用电子产品，但也需要听听孩子的意见，做好沟通协商的准备。

正如前面提到的，或许可以这样安排：周末时，星期五晚上、星期六和星期日直到睡觉之前的时间可以玩电脑；假期时，给孩子一周左右绝对的自由，可以每天、整日地玩游戏，大致如此。记住，从许多方面来看，上学都会让孩子感到有压力，哪怕只是在那儿和人社交、每天早起、遵循时间表。有一段时间能够完全放松，做点想做的事，对他们来说是极好的。

我认为，电脑游戏或电子产品并不是我们的敌人，但确实应该约束。人们常说，应该是狗摇尾巴，而不是让尾巴摇狗！

再说说另一个关于在家庭中使用电脑和玩游戏的例子。几年前，一位母亲联系到我，说她大约14岁的儿子几乎整个假期都待在房间里玩电脑，她很担心。等新学期返校的时候，我跟负责的员工说了这件事，得到的反馈是，这个孩子认真遵守着学校的电脑使用规定，上网从来不会超过规定时长。他说，在假期里——当然这也是属于他的假期——可以尽情地玩电脑，让他很快乐。他现在已经是一名大学生，学习的专业是——你们猜猜看——计算机。他将游戏和学习平衡得很好，是一个令人印象深刻的年轻人！

别忘了，学校假期同样也是孩子的假期，这意味着他们可能也会吃很多巧克力，想要倒头就睡、赖床不起，没日没夜地玩电脑，我们在放假的时候都会这么做。如果想寻求假期时间安排的折中方案，应该考虑到这个事实，那就是这是孩子的假期，他们会觉得自己整个学期在学校里已经非常努力了，现在很想并且也需要休息一下，我觉得父母常常忘记这一点。

成年人总是忙着绞尽脑汁地想，假期要一起做什么"有趣"的事情，却没有真正地从孩子的角度考虑问题。换作是你，在学校与那么多人密切相处、度过了一个繁忙的学期之后，有时候你需要的只是一个人好好地放松。此外，静静坐着玩电脑游戏也能让身体和心灵都得到很好的休息，尤其是在考试后。

就个人而言，对于孩子们在假期玩游戏这件事，我不会太担忧，甚至不会去过多地限制他们。我会不断告诉自己，我心中理想的假期——和孩子一起度过很多愉快的时光，可能并不是他们想要的完美假期。对他们来说，也许花很多时间睡觉和打游戏才能给他们那种假期的感觉。这也提醒我们，跳出固有

记住，你的假期同时也是孩子的假期，
这意味着他们可能会倒头就睡和赖床不起。

的思维方式，试着从一个完全不同的角度看待童年，总是有益处的。我们往往想当然地认为，孩子们的想法肯定和我们一样，但其实并非如此。协商与折中的老办法，可能恰恰是最好的办法。比如，给他们一周左右的游戏时间，安排一周左右的家庭外出游玩……

消极情绪 ≠ 抑郁症

焦虑情绪或由此引发的压力，正在侵袭越来越多年轻人的生活。好消息是，社会对精神疾病更加重视，但与此同时，我们也在不经意间塑造出了这样一代年轻人，他们都认为自己可能有心理健康问题。我并不认为这是一种健康的状态。在夏山，我们处理青少年问题的办法要比多数现代父母松弛得多。

不知为何，在普遍的焦虑之下，我们正在丧失自然的感情流露和情绪反应。因为最近失去了母亲、父亲或朋友，人们就说自己有心理问题，却忘了痛苦、悲伤和煎熬都是再正常不过的情绪反应。看看媒体和社交平台是如何运作、如何操控我们的情绪的，就好像人类总是希望能过一种没有任何悲伤与苦痛的生活，似乎人生应该只有粉色独角兽和毛绒小兔子这类美好的东西。如果不是这样，那肯定是我们有什么地方出了问题，我们一定是失败者。

我认为，如果你将这些正常的情绪误当作心理问题，那便是把自己关进了牢笼。你会变成一个病人，一个患有精神疾病的人。我不觉得这样能帮助任何人。"我是一个有心理问题的人",而非"我这段时间过得很艰难",这是两种截然不同的表述。我实在不知道把自己困在笼子里能有什么好处。

现实中,如果一个人悲痛欲绝,无论是因为家庭不幸,还是因为自己疑虑不安,他们当然会情绪失调,心烦意乱。这叫作哀悼,是我们对不幸事件非常自然的反应。我们能挺过这个难关。可能需要和别人聊一聊,通常是大家庭的成员或是亲近的朋友,但这是正常的,不是精神疾病。

当孩子出于一些显而易见、明白易懂的原因正在遭受负面情绪折磨的时候,如果我们引导他们往心理问题的方面去想,对他们极其不公平。这会剥夺孩子对自己生活的掌控力和自主权,在某种程度上,是将他们当作毫无能力的幼儿。这样的情况在我眼前发生过很多次。我看到一些坚强、果决、自信的年轻人变得软弱、忧郁,他们觉得如果没有外部的支持甚至药物介入,自己根本没法解决问题。

我知道外部的支持很重要,非常重要,但是不管怎么说,我认为年轻人更应该将自己的遭遇视为一段"困难时期",它是暂时的,很快就会过去,这比将它划定为心理问题要好得多。除非我们所有人都能重新正确地看待"心理问题"这个名称,不然它就会始终暗藏这样的潜台词——一个人不知怎么失去了理智,没办法过好自己的生活。

我们主张给予孩子了解自我的自由，正因如此，在夏山，我们也心照不宣地感觉到，社会对年轻人提供的干预程度往往并不合适，实际上还可能有害处。我们的教育理念中最首要的是，我们的学生都是普通的年轻人，他们会和所有同龄人一样，经历各种各样的考验和磨难。

对我们来说，给孩子贴上"抑郁"或"特殊"的标签，无异于给他们贴上多动症、阿斯伯格综合征[①]等精神疾病的标签。临床上的标签能帮助提供医疗信息，但在这里可不一样。这些标签会开始影响年轻人的自我定义，也包括周围人对他们的看法。一个年轻人说他感到迷茫、困惑、沮丧，仅这一点并不代表这些词语就可以定义他们。上面所说的这些情绪里，许多都是成长必经的一部分，应该被正确地看待。我们不能让年轻人将悲伤和不安错当成心理问题。

尽管会引人争议，但我仍想说，我们并不觉得有必要正式去辨识和承认所谓的多动症之类的情况。是的，我们见过许多与众不同的年轻人，并且为他们的独特而欣喜，而他们都是正常的，能够迅速融入学校的社区生活，学会与自己、与我们所有人和睦相处。

我的数学不好。我知道如果我去看医生，他们会诊断出其

---

① 自闭症谱系障碍的一种。

中的原因，找出是什么在影响我的大脑运转（或者不运转）。但实际上，我并不在乎。这能改善我的生活吗？我已经知道自己数学不好，只是举起手坦然地说："我不会做。"我觉得没关系，而且一直都这样认为，即使在小时候，我也从来没有为此烦恼过。我相信这与我成长的环境密不可分，我向来被教导要为己所能而自豪，不为所不能而羞耻。

我承认，诊断（以及标签）会对某些人有益，尤其是在这个我们大多数人别无选择的生活环境中。例如，自然学家克里斯·帕克汉姆[①]确诊阿斯伯格综合征后从中获得了巨大的力量，显然，这让他成为现在的自己。为此，我非常欣赏他。

我可能会和他争辩这一点：他如果曾经在夏山这样的环境中长大，就不会需要这份诊断了。我绝对不会把他看作一个自闭症患者去评判他，我只会把他当作我认识的那个克里斯。但这个话题我们暂且搁置，留到我和他共饮咖啡、推心畅谈的那天再说吧！

一个成年人想要找到自己总是对数学、科学或写作抱有厌恶情绪的原因，如果知晓自己身患疾病能帮助他理解事物，这是绝对没有错的。但是，不妨鼓励孩子们等一等，等到他们更大一些，能够像成年人一样生活，做出例如改变性别这样的重

[①] 英国自然学家、电视节目主持人、作家、野生动物摄影师，出生于1961年，2005年确诊阿斯伯格综合征。

大决定的时候。这不是孩子们在这个阶段需要考虑的事情，当前他们应该去了解自己和身边的人；如果他们真的感到有必要，未来还有足够的时间可以慢慢想。

谈到贴标签这个问题，不久前我在推特上收到了一条信息，因为我一直主张，如果我们不再给孩子压力，可能就不需要给他们贴标签了——毕竟，这样他们就不会表现出需要被贴标签的症状了。

而推特上的这个人说："如果我想要标签，就给我一个呗。"

我不是说你不应该有标签，不是说任何标签都不应该存在，也不是在否定确实存在的疾病情况。我指的是，我认为不应该仅仅因为教育体制的失败，就去给孩子们贴标签。如果你已经年满18岁、能为自己的行为负责，或是20多岁——那样更好，你觉得一个疾病标签会对你有帮助，那就这么办！

但是就我在夏山所见，贴标签常常会造成负面影响，而非正面的。在这件事上我不接受争论，这只是我们每天见到的事实罢了。正如在前面说到的，我完全能理解为什么当孩子在学校处境艰难时，父母会觉得有必要走这条路，因为一个标签就可能带来变化。

不幸的是，当下几乎全球通行的教育体制只被设计用来传授学科知识和信息，而没有容许个人情感得到较好的成长和发展。所以，尽管多数学校都努力想提供"丰富而均衡的课程"，但教育体制本身让这种尝试都遗憾落空。大多数时候，孩子们都被贴上了标签，以解释他们为什么没能符合体制的期待，或是消极对待生活，尤其是消极对待学校的生活。实际上，我们实行的教育体制就是伤害孩子的帮凶，而我们却还在找寻原因，试图用各种各样的橡皮膏解决问题；我们最先应该做的，是睁开眼看清现状。

我们的教育体制从来没有真正地经过周密考虑——为了解决一系列与今天并不相同的问题，教育体制已经发展了许多年，可自创立初始到现在，它没有任何根本性的改善。

我父亲在他的第一本书中写到，在他任教的那所规模不大的苏格兰学校，老师们教授孩子们各种各样他们一生中永远都不需要也用不上的东西，这样的教学严重地损害了孩子们的情感发育，破坏了他们童年的幸福快乐，这是多么荒谬。这些孩子注定要成为农民或工人，只因为他们没有认真学习那些和生活毫不相关的学科，老师就挥起教鞭惩罚他们，他觉得这是一件非常残忍的事。

> "孩子的职责就是过好自己的生活——不是焦虑的父母认为他应该过的那种生活，也无须遵照那些觉得自己无所不知的教师的意愿。"
>
> ——A. S. 尼尔

问题的关键在于，孩子不应该被迫去学习成年人认为他们应该学习的东西，这一点在今天比以往任何时候都更重要，至少也和从前一样重要。如今，我们对心理学有了更多的了解，知道精神压力和创伤会产生怎样的负面影响，也更无法容忍对个人的非人道待遇，但这种情况却仍在发生。

"我将一所勤勉学习的学校变成了游乐场，为此感到欣喜无比。这些孩子度过了一年自由快乐的时光。他们做了自己喜欢的事，在画图表时唱歌，在阅读时吃糖果，漫步着寻找艺术角的时候，他们会挽着我的胳膊。"

——A. S. 尼尔

1914年，尼尔在格雷特纳格林学校工作时写下了这些句子。对他来说，正是这段经历孕育了夏山学校……

时过境迁，仅仅间隔了30年，我们的社会已不再能容忍很多过去为人所接受的东西。现在的孩子们更加自信、勇于反抗，而许多年前的孩子是不敢的。比如，他们会参与环保示威游行。这也意味着在学校里，应对孩子们的消极情绪变成了一件愈加有挑战性的事情。

如今，获得成功的压力、父母和社会的期待，已经取代了学校体罚的威胁。这看起来似乎更加人道了，但对一部分孩子来说，同样可能是致命的。要知道，尽管许多孩子能够轻松完成学校布置的作业，也很享受随之收获的表扬和成就感，但这对另一些孩子来说却并非易事。理解那些规定的课业知识，以及专心学习自己不感兴趣的学科，让他们每天都身处煎熬之中。这些孩子认为自己很笨，不如其他人聪明。即使他们没有显露出情绪压力的症状，却会在每一天都反复认识到："我是个失败者，我要费很大劲才能完成那些对别人来说很轻松的事情。"

因为一件根本错不在你的事而成为失败者，带着这样的负担步入成年生活，是多么沉重啊！你当然不是真的失败者，这世上本就没有什么失败者。我们都会有一些做不到的事情。我很肯定，我永远都不会成为一个优秀的登山者，因为我恐高。

几年前，我的丈夫托尼遇见了他曾经在文法学校[①]的女同学，她当时在班级里的表现非常突出。她勤奋刻苦，有点书呆子气，还很好心地帮他完成作业（好吧，实际上大部分作业都是她帮忙写的！）。为此，他对她大大赞扬了一番，并询问她现在的生活状况如何。她在市里有一份不错的工作，看起来生活得很愉快，但她告诉托尼，她曾经很讨厌在学校的每一天，而且大多数时间里都感到非常恐惧。

[①] 英国历史上传承下来的学校分类中的一种。最开始指那些教授拉丁文的学校，现指以学生学术成绩为第一位的英国中学。

在学校里被认为表现失败，只是因为你的特长和兴趣并不契合当前的学校，是教育体制让你背上失败者的污名。

"所有人都是天才。但如果你以爬树的能力来评判一条鱼，它终其一生都会认为自己愚蠢无能。"

——阿尔伯特·爱因斯坦

下面这段话出自尼尔之口，我们已经将它放入了学校的《综合管理条例》中：

"学习很重要，但并非对所有人都重要。尼金斯基[①]在圣彼得堡时考试总是不及格，而不通过考试，他就无法进入国家芭蕾舞团。他就是学不进去学校的课程——他的心思已经沉浸在别处。他们为他伪造了一场考试，把答案连同试卷一起给了他——他的传记是这么写的。如果尼金斯基必须自己通过那些考试，整个世界会遭受多么巨大的损失！"

我在这里不是要批判当前普遍存在的教育体制，但不可否

[①] Vaslav Nijinsky（1890—1950），芭蕾舞演员，出生于乌克兰基辅。10岁进入俄罗斯圣彼得堡帝国芭蕾舞蹈学校学习，18岁时以天才的表演艺术闻名全俄。

认，有大量证据表明这些体制对许多孩子都是有害的。那些有能力在教育领域中掀起变革的人，却似乎对各种可能性视而不见，这是多么令人惋惜。

其实逻辑很简单，如果你一定要强迫孩子待在一个不舒服的环境中——难度太高、超出能力范围、索然无味或是充满压力，那么他们内心的抵制最终会以某种方式表现出来，通常孩子要么会辍学，要么会变得焦虑、抑郁。如果孩子是另一种迥异的性格，他可能会变成一个捣蛋鬼、小爆竹，一个破坏课堂、对抗家庭的叛逆小孩。

我们寻找问题，找到问题，给它贴上标签，然后就觉得已经解决了问题，可是毫无疑问——并没有。我们有很长很长的路要走，可能到最后问题也无法得到真正的解决。

如果社会用对待孩子的方式去对待其他任何一群人，必然会遭到激烈的抗议。这种行径会被视为严重的偏见，还可能引发人权问题。但对象是孩子的话，我们有这么一套固化的传统思维，认为成人可以掌控儿童，于是我们的所作所为以及可能带来的严重后果，仿佛就变得完全可以接受。

那么，为什么我们不能给孩子一点时间和空间，让他们能在一定程度上自己把握学习、玩耍和生活呢？驱散所有的无聊、压力和恐惧，让他们度过一个快乐的童年，能够感受到自己的价值，真正地掌控自己的生活。孩子们之所以产生负面情绪，常常是因为他们没有机会表达自己的想法。

夏山有一个确诊了多动症的男孩，一天，他的妈妈来找我，眼里含着泪水：

"我没办法，只能让他接受诊断。他每天都被留堂，生活真的很痛苦。确诊之后，他的压力减轻了，也得到了更多尊重。"

当然，我不能为此责备一位母亲，但我责怪这个体制，怪它没能听见孩子无声的控诉，没能看见他的苦痛，而且竟没发现这个难题最明显的答案，那就是让他以不会给老师和同学添麻烦的方式，宣泄出根植于天性之中的蓬勃活力。

我有太多次看到那些拥有多年培训与实践经验的专业人士和孩子们谈话，他们问的都是正确的问题，问孩子们感受如何，问他们想要什么，会怎样解决自己的问题。可接着我便震惊地发现，这些人压根没有采取任何行动。

所以会有孩子说，他们不想再接受教育心理学家的评估了，对此所有人都会点头并口头表示同意，但事实上，他们仍要进行这样的谈话，因为专家们认为这样对孩子最好。如果你没有准备好认真聆听孩子们的想法，并根据他们的话来采取行动，你就无法从他们那里赢得信任和尊重。我见过很多孩子被哄骗、被说服继续药物治疗，即使他们对此一直非常抗拒；实际上，这些孩子从最开始就没有真正的选择权。

许多热爱岗位、心系学生的优秀教师，如果没有受到这样一个存在根本性缺陷的教育体制的阻碍,本可以帮助学生们尽情高飞。那前景将会多么美好——既有创造性的学习,情感也能得到充分的发展,每个人都可以按照自己的意愿适当地学习课程,没有世俗的压力,不用背负外界的期待,也不用再焦虑作为孩子应该长成什么样子,只要我们成年人不去步步紧逼地控制他们的生活。我们需要的仅仅是接受这个事实——我们都是独立的个体,不是所有人都能成为金融大亨、医生、律师或是了不起的科学家。我们中的一些人会很乐于在这个世上做一些更平凡的工作,我们都可以在自己的领域闪闪发光,并收获无穷的乐趣!

我们都知道,享受工作能让你在职业上更加出色。夏山曾经的一位学生和我谈过他的学习经历,以及它为何没有夺走他对学习的热爱:"当你坐在从希思罗飞往纽约的大型客机上的时候,你真正想确认的是,驾驶飞机的那个人千万要**热爱他的工作啊**!"

作为父母,也作为公民,我们不应该就这样袖手旁观,任由这种情况继续发生。我们的学校体制正给很多孩子带去巨大的苦痛和不幸,我们应该举起横幅走上街头去呐喊,不仅如此,还要高声地说出来,我们觉得这个制度不够好,它必须改变!

生活不必完美

首先,"完美"是不可能实现的。生活中有美好的事情,也会有糟糕的事情,这就是生活。用物质、假期和外出活动将孩子们淹没,拼命把真实的现实与之隔绝,我认为非但不明智,还会对孩子造成严重的伤害。我会告诉那些来考察的父母,在夏山,孩子们需要学习与他人平等相处。他们会学习如何相互沟通、协商和让步,这是我们在生活中都需要掌握的三个基本技能。

他们学习的方式很简单。在平常家庭中,和父母一起生活是非常容易的——举个例子,当下午茶有蛋糕时,如果孩子想要第一块或者最大的一块,他通常都能得偿所愿。为什么?因为成年人对这些不太感兴趣,他们不在乎自己能不能分到最大块的蛋糕。而在夏山,他会和大约70个孩子生活在一起,大家都想要最大的那块,那么孩子就必须明白,有时候,不管你的愿望有多强烈,也并不一定总能得到自己想要的。

说到隔绝现实,我最小的儿子小尼尔4岁的时候,夏山的一个学生因为严重哮喘发作，秋季学期时没能回到学校上课，这让小尼尔很受打击，伤心不已。这位学生叫阿基拉，后来他去世了，整个学校，包括我们全家，都陷入了沉痛的悼念中。阿基拉 6 岁时就来到了夏山，那时即将年满 14 岁。他曾经是小尼尔的哥哥亨利最好的朋友，自然，亨利简直心碎了，为此渡过了一段艰难的时光。

当我们都在为逝者哀悼的时候，现实就这么毫无遮掩地展现在小尼尔眼前，他还那样幼小，我无法想象这对他会是多大的打击，但他挺过来了。几年后，他深爱的祖母去世，又过了几年，外祖母也去世了。这对一个小男孩来说实在太沉重了，而我之所以要说这些，是因为这就是真实的生活，它就这么发生了。坦诚地去感受、去爱、去笑，我们都能安然度过。它已经化为我们所有人的一部分，尤其是小尼尔，正因为这些经历，他才成长为现在的自己。你不能把孩子与生活的糟糕面隔绝，这么做只会适得其反，给他们造成更大的伤害。

我们都会犯错

有人告诉我,他们的朋友在教育上遵循一种"儿童导向"的理念。他说,举个例子,当他们去海滩时,他们会跟着孩子走,而不是让孩子跟着大人,或是做自己想做的事。我第一个念头就是:"为什么不能让孩子一个人待着,坐着晒晒太阳,而大人可以到处走走,做自己的事情呢?"

在一个繁星闪烁的夜晚,我的父亲和他的朋友——哲学家伯特兰·罗素——出去散步。"罗素,"他说,"我们俩的区别就在于此——如果现在我们旁边有个孩子,你肯定要跟他谈论星空的奥秘,而我会保持安静,让他沉浸在自己的思考中。"

这个故事精准地概括了我对于儿童导向的理解。没错,我们应该打造一种儿童导向的家庭,但请不要盲目地跟在孩子后面!而且要格外小心,别让"儿童导向"的生活最后变成了"被儿童支配"。

我想起了尼尔那个关于三角钢琴的著名故事。当时尼尔在会见一位母亲,她一直在滔滔不绝地夸赞他的书有多精彩,她有多么敬佩他的工作。

"尼尔先生,"她说,"我读过你所有的书,完全按照你的方法来养育我的女儿。"说这话时,她的女儿正穿着一双脏兮兮的靴子,踩在尼尔的三角钢琴上,接着又猛地往沙发上一跳,差点要把弹簧踏穿。"看,她是多么天性自然啊。"这位母亲说,"完美的尼尔式儿童!"那一刻,尼尔什么也没说,可之后便表示,他强烈反对这位母亲的看法。

这个故事说明,人们会——而且常常会——对这个概念产生错误的理解。有很多孩子难以与其他人交流、和谐共处,我简直数不清跟他们的父母谈过多少次话了。这些父母对我提出的每一个建议都点头称是,好像他们一直都在这么做。

在教育上出差错并不是一种罪过。养育孩子是我们人生中的一项重要任务,需要不断学习、尽力调整,直到找到正确的答案。

很多时候,孩子就像一面镜子,反映着父母的所作所为。我们要不断审视、评估,以确保自己在做正确的事情,我认为这至关重要。如果孩子非常亢奋好辩、脾气坏又难以满足,那么他可能患有多动症或其他类似疾病。另外,他们那样做也可能只是因为家庭中的教育方式有缺陷。适当省思,看看是否应该改变方向,这总是有益处的。突然发现自己犯了错并不是什么丢脸耻的事。只是要明白,任何激进的改变都需要一些时间才能顺利进行下去。给它一点时间，稳步前行。

改变永远不迟，和孩子好好聊一聊，如果你认为有必要的话，或许可以为过去的态度和行为道个歉。

我认为，当感到无法掌控自己的生活和命运的时候，绝大多数孩子都会痛苦不堪。

联合国儿童基金会 2018 年在英国进行的一项有趣的调查显示，1/3 的孩子感觉在做家庭决策的时候，没有人认真聆听自己的想法，也没有人要求他们参与进来。有人可能会争辩说，成年人就应该是家庭的管理者，因为他们懂得最多。但在如今的世界，越来越多的少数群体都有了表达的机会，自然而然地，孩子也会怀有这样的期望，想要自己的观点被认真对待。100 年来，夏山一直是这样做的，这对我们来说并非难事。它已有悠久的历史和坚实的基础，能让一切行之有效，我们鼓励、帮助孩子们学习如何为自己的行为负责。

在前面的章节里我就说过，自由不等于放纵，我们必须划清两者之间的界限，把握好微妙的平衡——给予孩子掌控自己生活的自由，同时他也要能够与他人和谐相处，不会变成我们常说的被宠坏的小孩。掌控自己的生活绝不意味着能够一直随心所欲，而是在与自己相关的事情上，做一个有价值的决策参与者。不仅是在家庭中，在其他场景也是如此。

对年龄小一点的孩子来说，这意味着大人不会一直在耳边唠叨什么该做、什么不该做，意味着可以用自己的方式生活，犯错也没关系。对大一点的孩子来说，意味着他们能感到更加接近成年人，能够谈论课业学习、考试准备、性或人生选择这样的话题，而不用背负谁的期待。我是说真的，一丁点期待都不要有。

给予孩子生活的自由，意味着他们可以自由地成为自己想成为的人，即使他们不想像你和其他亲友期待的那样按部就班地接受学校教育、进入大学。这意味着你得准备好支持他们的任何决定，不论好的还是坏的，即便是要与学校对立，违抗你的岳父或其他人，也要坚持到底。

如果你想的话，你当然能够，也应该表达你对事情的看法。

如果孩子讨厌动物和科学，却想成为兽医，你认为他的想法不现实，这当然可以。但要注意处理方式，你要把他当作自己最好的朋友正面临人生重大决定时那样对待，不应该施加过多的掌控力。如果你不愿意礼貌地提出建议，会引发孩子的愤怒、沮丧和逆反，更不用说还会让他们感到伤心和背叛。记住，你必须始终坚定地站在孩子这一边，即使他们是错的，即使你很生气！

如果你感到家庭生活每况愈下、失去控制，那可能是时候重新评估一番，认真地思考未来，思考你想要什么样的亲子关系了。正如我前面说的，这个时候也可以重新审视自己，以及为什么你会遭遇这些问题。我们不能把自己的忧思和焦虑带入家庭中，这一点非常重要。或许可以把适当的自我批评列入每天的日程里：在这件事上，有几成是我自己的问题，而与孩子完全无关？有几成是出于我自身的背景和我身上所背负的期望？有几成是因为害怕不符合社会所谓的"正常"？

我们要明白这一点，在某个方面"有问题"并不代表你疯了。我们都是先天和后天的双重产物。你的性格特质会让你对事物产生和其他人不一样的反应。将三个人放在同一个家庭中，他们会成长为完全不一样的人。为什么"她总是精力充沛"或"他总是非常安静又用功"，有时候原因很明显，但有时完全是个谜！

作为父母，我们应该别再为可能做错的事情而自责，而只要简单地承认："是的，我犯错了，我也是第一次当父母，不知道该怎么做。"你可以转变思路，试试别的方法。去好好尝试，也多给一些时间，看看会给你和孩子的生活带来什么样的变化。有没有可能停下来，暂时离开家庭环境？

我觉得，有时候你可以一个人离开几天，去风景优美的地方放松一下，这段时间会是个绝佳的机会，能让你理清思绪，精神焕发地重新返回家中。

孩子难搞？少说点"不可以"

每个人都知道孩子有多难搞：可怕的 2 岁，难以满足的 11 岁，叛逆的青少年时期。但人们没有意识到，由于我们的社会对孩子的传统管理方式，许多问题其实是成年人自己引发的。

以 2 岁的孩子为例。我们的家庭教育模式是，从最开始就教导孩子顺从、懂礼貌，以及该怎样对危险做出反应。但由于这一时期以自我为中心的需求，孩子根本就不知道"谢谢"代表着什么。这就有点像在要求他们理解代数概念。如果一个人还没有在情感上准备好去接受或理解某个概念，那么一切努力只会是白费工夫。而且，我们到底为什么需要孩子们说"谢谢你"？难道是为了让自己看起来更像优秀的父母吗——"我们的孩子很礼貌，会说谢谢"？

在夏山，我们认为话语背后的情绪才是最重要的。我们不鼓励被告到大会上的孩子说"对不起"，事实上，我们会尽量避免让这种情况发生。努力不再犯错，或是切实地认识到自己的所作所为，才更能体现出"对不起"。仅仅说出这个词本身，

$$\frac{t\pm\sqrt{h^2a+(n-k)}}{y-ou^3}$$

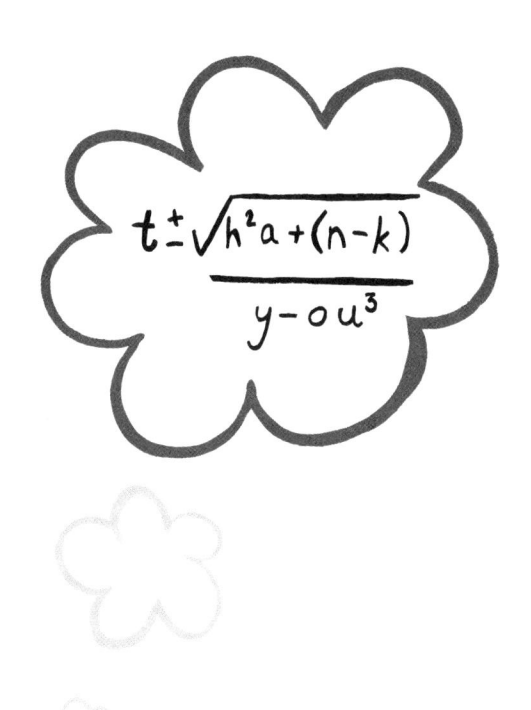

孩子不明白"谢谢"的含义。

是毫无意义的。

如果学生无法理解我们想教给他们的东西，我们还谈何教授呢？再用2岁的孩子举个例子。假设咖啡桌上有一个好看的大摆件，孩子会很自然地想要看看这个东西，但我们会怎么做？我们会说"不可以"，也许还会把孩子的手拿开。那么，一个2岁的孩子能明白我们为什么这么做吗？在她看来，这是完全不合理的。她看到了这件物品，很感兴趣，所以想好好看一看。如果我们说不，她会更好奇、更想要去触碰，甚至可能在你转头的时候把它打翻、弄掉在地上。所以在一开始就满足她触碰的需求，又有什么关系呢？让她可以好好观察，如果是易碎物品，你可以提供一些必要的帮助，直到她的好奇心得到满足，然后再把东西放回桌上，或者最好暂时先收起来，等她长大一点再说。

如果孩子从一开始就得到这种尊重，便极少会破坏物品，因为他们通常会很小心；而那些总是听到"不"的孩子会精神紧张、焦虑，更容易弄坏东西。

涉及危险因素时也一样。从孩子很小的时候开始就告诉他们"小心点""别碰那个""离远点"，这和应对桌子上的摆件是同样的道理，阻止只会得到相反的效果。这些禁令对孩子来说毫无逻辑，再加上许许多多的父母只是一直不停地口头劝阻，只消过一会儿，孩子就会选择忽略。

就像那个有关狗的笑话。两只狗一边在公园里小跑,一边一起聊天。其中一只狗问另一只狗:"你叫什么名字?""我不知道,"那只狗说,"但我觉得可能是'不可以,淘气狗'!"

作为成年人,你会最听谁的话?是那个一直朝你喊叫、警告你别去尝试和冒险的人,还是那个看着你冒险,当你需要的时候陪在你身边,偶尔插手,告诫说你要做的事绝不是个好主意的人呢?

持续不断的警告和命令只能教会孩子一件事——统统忽略掉。当然,你可以通过吼骂和体罚来让孩子顺从,但并不会持久,不是吗?遗憾的是,在英格兰、威尔士和北爱尔兰,父母打孩子仍然是合法的(不过,2022 年,威尔士将要效仿苏格兰,将打孩子划定为违法行为[①])。孩子们也习惯了被吼叫和打骂。屈打出来的顺从是不可信的,当打骂不再有用的时候,又会发生什么呢?更多的暴力吗?

前不久有一天,我的一个朋友去卖肉的店铺,店里有一台没有盖子的冰柜,里面放了一些香肠和其他食物。一个男孩正漫不经心地从地上捡起木屑往冰柜里丢。他妈妈正忙着跟屠夫买东西,不停地冲着他大喊:"克雷格,不可以,别那么做。"但男孩并没有停下,甚至没有回头多看妈妈一眼。

---

① 根据英国 2020 年《儿童法案(废除合理惩罚的辩护——威尔士)》,威尔士地区自 2022 年 3 月 21 日起,正式禁止家长及其他照护者以任何形式体罚孩子。

我担心的是，经过肉店的这次经历，小克雷格会成为一个怎样的成年人。从根本上来说，我想做什么就做什么。妈妈告诉我别这么做，但无所谓，我还能接着做。

这样的自我认知是很危险的。但愿小克雷格能在人生中找到其他让他足够敬畏的界限，能让自己和身边的人安然无虞。

孩子们的真实想法

想看到孩子眼中的生活是很困难的。对于自己的孩子是什么样或者应该是什么样，我们都有自己的看法，而通常我们认为的都并非真相。在夏山，我们会告诉父母，我们在学校里看到的孩子通常都和他们在家中所见到的很不一样。我认为，这是因为你在家里看到的孩子通常都是你想要看到的样子，或是他们想让你看到的样子。我们前面就说过，孩子们因为非常爱你，所以想在你面前表现出完美的样子。

我们需要停下来，重新审视我们的孩子和我们心目中的他们，如果发现他们并不是我们以为的样子，就得面对现实。

网上流传着一个有趣的笑话，用一组组图片分别展示了人们以为的样子和实际情况。我想到的这个例子是关于按摩的：

"我朋友认为的按摩"——图片上有许多只手轻柔地按着某人的背部；

"我父母认为的按摩"——图片上有一个嬉皮士；

"社会认为的按摩"——图片上是一位明显从事特殊职业的女性在和客人聊天；

"医生认为的按摩"——图片上是一位旧时代的巫医；

"我认为的按摩"——图片上，灿烂的光辉自上而下照耀着，改变了整个世界；

"实际上的按摩"——图片上，一个面容疲惫的人正在手洗一大堆床单和沙发套。

笑话很有意思，但也确实揭示了一个事实——我们想要的或认为的，与孩子们想要的或认为的，两者常常大相径庭。

那么，我来现编一个笑话：

"我们认为孩子在假期想做的事"——图片上，一家人在海滩上愉快地玩耍；

"孩子真正想在假期做的事"——图片上的人早上睡懒觉，起床了就玩电脑游戏，还穿着睡衣吃垃圾食品。

我知道这个笑话可能有点极端，但我相信你能明白其中的意思。

在我的孙子孙女还很小的时候，那时他们5岁，还是夏山的新生，我会观察他们，看到他们站在队伍里等着取餐，从餐具盒里拿出刀叉，找座位，然后自己一个人吃午餐或者晚餐。家庭聚餐时，我的女儿艾米会把他们都叫过来，让他们自己选想吃的食物，并帮他们把食物盛到盘子里，然后端上餐桌，这种时候我常常和她一起开怀大笑。她很清楚自己在做什么，这也成了某种家庭小笑话。她半开玩笑地说，她就是想要他们在她身边可以做个小孩子、依赖她，越久越好，我们可得满足她的心愿！我们便这么做了。而孩子们每个学期返回学校之后，便又变回了那些独立自主的小家伙，能够开开心心地管好自己的生活。

孩子并不像许多动物那样，需要不断攀往啄食顺序[①]的顶端。你不必一次又一次地去证实自己在孩子心中的权威，以防他们脱离掌控。孩子也是人，和我们所有人一样，需要被给予尊重、爱与认可。

过去，父母们普遍认为，必须放任婴儿哭泣不管，因为如果他们发现你"屈服"了，等他们长大成年，就会变得索求无度、

[①] 指群居动物通过争斗获取优先权和较高地位的现象，社会等级高的拥有优先进食权。20世纪初由挪威动物学家托里弗·谢尔德鲁普－埃贝在观察鸡群时发现。

难以满足。当时的看法是，孩子们"只想要为所欲为"。许多年来，这一直是儿童教育中一个潜在的问题，我们必须把这种想法扔到垃圾桶里。孩子没有那么奸猾狡诈。他们只是本能地听从自身正常的渴望和内心的秩序，而这些根植于全人类及大部分动物的本性之中——想玩，想要快乐地生活，想要学习和探索，想要爱与关怀。

给父母的育儿小贴士

像尊重一个成年人那样去尊重孩子，你希望获得怎样的尊重，就要用同样的方式去对待孩子。反过来也应对孩子抱有同样的期待，尤其是他们会以何等程度的尊重对待你。

及时自省，承认自己内心的恐惧、渴望和偏见，确保你面对孩子时是真诚、坦率的，没有把自己的问题投射到他们身上。本书前面提到过成为父母的准备工作，你要做的是评估自己成为一位称职父母的能力，并克服你认为可能的阻碍。我见过许多孩子因为父母对他们的焦虑而深陷情绪的泥沼，而这种焦虑的直接原因其实是父母对自己生活的担忧、愤怒或不安全感。说实话，除非父母能举手承认自己在问题中扮演的角色，否则可能直到孩子成年后很长一段时间，这个问题都无法解决。

不管孩子们做了什么，毫无保留地爱他们，并且让他们看到你的爱。不论什么情况下，都要站在孩子这一边。但也一定要正视他们真正的样子,看见他们做得不对的地方。把头埋在沙子里,只会带来毁灭性的后果。如果你的孩子是个小霸王,你需要面对现实、做好准备,在给予他们全部的爱的同时,指出他们的不当之处,严肃批评他们的所作所为。孩子可能会将事情粉饰成另一番面貌、掩盖真相,你千万不要被骄傲和天真蒙蔽了双眼。记住,孩子是会撒谎的,这时常发生!

给孩子做自己的自由。要明白,孩子需要做孩子,可以犯傻、吵闹、捣乱、和别的孩子吵架,**他们需要保持孩子气。**但同时,务必要求他们尊重你的权利,你也要珍视自己的自由和权利。这意味着,当你需要安静的时候,或是对你喜欢保持整洁这件事,他们必须充分理解。如果他们要发出噪音、弄乱房间,大可以去别的地方玩。

允许孩子犯错。我们成年人无法确保孩子的生活总是好的、适合他们的。有时候他们需要从自己的错误中吸取经验。

保持坦诚、说真话,别害怕在孩子面前讨论或是与他们聊真实的生活。很多糟糕的事情孩子们都能应对,不至于会"夺走他们的童真"。给予他们充分的尊重,让他们能够去感受那些强烈的喜悦和悲伤、欢乐或憎恶,让他们了解世界黑暗的那一面。当然，一定要"因年龄制宜"。你可以和青少年讨论女性割礼①，但在一个 7 岁孩子的面前，可不要提起这种话题。

记住，孩子和成年人的需求是截然不同的。成年人通常喜欢干净整洁的家庭环境，而孩子们即使周围乱得像垃圾场，也可能毫无察觉！如果你对此并不理解，仍期望他们保持卫生，只会引起冲突。这种差异可能意味着至少现在这段时间里，你不得不为他们整理房间。孩子们不会因此被宠坏。等到他们十五六岁时，就会想要（或者至少有能力）自己打扫卫生，而当他们组建了自己的小家庭，说不定会把家里打扫得一尘不染呢！

试着挖掘出你内心的小孩，准备好偶尔去玩幼稚的游戏，为愚蠢的小事傻笑，释放你的天性。试试看，别总是做个理智的成年人，但也绝对不要试图扮演小孩，只为给他们留下深刻的印象，让他们觉得你是"他们中的一员"。这样看起来很假，而且你的孩子会觉得非常尴尬。

尽量别去期待孩子会成为什么样的人。不论他们会成为清洁工、优秀的外科医生还是歌剧明星，这都是你无法决定的。

---

① 存在于非洲等地的陋习，将女孩的部分或全部外生殖器割除。在这些地区割礼被视为真正女性的标记和贞操的凭证，实则对女性的身心造成了一生的伤害。

支持他们发展自己的兴趣，尽可能不让他们为学业苦恼，或是承受太多压力。让孩子知道，你会在身后支持他们，如果必要的话，你甚至可以为了他们站到学校的对立面。

家庭中需要设立严格的界限，也就是我们在夏山所说的"自由而不放纵"。如果你认为孩子应该有固定的就寝时间，那就这么办；这没问题，但要确保孩子们也可以提出自己的想法，可以自在地与你说话，哪怕偶尔对你生气。或许对大一点的孩子，你可以在就寝时间上做些让步，正如夏山所做的那样，周五和周六允许晚睡，让孩子感到有自主权和一定的掌控权。那些对他们来说尤为重要的事情，我们应该重点关注。在家中，你需要担任掌舵者的角色。必须让孩子们明白，你会维持整个家庭的稳定运转，你会负责决策、照顾他们，但在此范围内，他们也应该拥有做自己的自由。如果父母无法掌控局面，或是家里的界限很模糊，孩子们常常会感到不安和焦虑。

我不是很喜欢"领导力"这个词背后隐含的意义。不过，因为没有更好的替代，我依然会使用这个词。所有的孩子都需要某种指引、帮助、领导，你想怎么叫都可以。设想有人邀请你去他家做客——我认为这个情景能够很好地阐释我所说的领导力——你去拜访的人是这个家里的掌舵者，这一点会让你安心。在别人家中做客，你会想要安全感，想要确定他们对每一步行动都清楚理智。他们会决定你住在哪个房间，他们会烹饪食物，安排就餐时间，更换床单被套，可能还会计划一些外出活动。如果出了什么严重的问题，比如你们中有客人生病了，你可以向他们求助，如果有需要的话，让他们找医生或是带病人去医院检查，甚至是报警。如果夜间发生了火灾——上帝保佑但愿不会——你这位朋友能帮你指明逃生路线，保护好你们所有人。这也是孩子们需要的。他们需要知道，有一个人掌控着全局，他们在这里很安全，有人照顾，有牢固的界限很好地保护着他们，可以帮助他们公平、合理、有商有量地解决分歧——总之，无论如何都要有界限。界限，加上孩子们的个人自由和独立自主的能力，能为家庭创造良好的养育环境。

多笑一笑，开开玩笑，有时发发火也可以，做很多有趣快乐的事，搞一点点无伤大雅的恶作剧，偶尔也伤心、流泪。事情不会总是一帆风顺，这就是生活！但你们在一起，以冷静、成熟的态度来看待，有始终不变的爱意、欢笑和互相支持，总能克服一切。这样长大的孩子，不太可能有严重的问题。尽管一路上会有数不清的争吵，但兄弟姐妹都会成长为彼此最亲密的朋友。你的孩子会从根本上变得冷静、有尊严、思虑周到、爱玩会玩，世界恰恰需要这样的人！

我们要去向何方？

许多年前，我写过一首诗，名叫《悲伤》。诗里描写了与孩子们在一起的美好，以及那些我们一起做过、沉浸其中的快乐往事，就像大多数家庭所经历的那样。

诗里接着还写到，作为一位母亲，我心里总有一股挥之不去的悲伤。即便我的孩子们都已成年、过着自己的生活，我也能经常和他们见面，享受幸福美满的大家庭生活，并且为他们的成长感到非常骄傲。我悲伤的是，他们不再是我的小不点了。这种悲伤是所有父母都会经历的，而我们必须远在心里的预料降临之前，就学着去接受它——不是在孩子离家上大学或出门旅行的时候，而是在他们四五六岁，开始需要个人空间、想要自由地做自己的时候。

一开始可能会很难，但我们必须想办法过好自己的生活，作为独立的个体去享受生活，而不囿于父母的角色。还记得当我的孩子逐渐长大，我出门散步或是去商店的时候不再需要推着婴儿车，那时我心里涌起一股奇怪的感觉。我无比惊恐地发现，我不得不开始证明自己是一个独立的个体，而不仅仅是谁的妈妈。当然，我们最终都能找到办法，安然无恙地渡过难关，但过程多少有些艰难，这是不可否认的。我的一个好友养了一条狗，她将大量的爱与关心都倾注到狗身上，一点都不觉得难为情，甚至能够大大方方地笑称，狗是孩子的替代品。

我记得有一次在超市排队，听到孩子的哭声，我低头一看，发现自己正轻轻地前后摇晃着手里的购物车。天啊！

不管怎样，我们确实需要疏导这份悲伤，因为对许多人而言，无论我们有多喜爱、多享受孩子长大成人、子孙绕膝的天伦之乐，也无论我们有多经常见面，事实是，我们最想要的是再次和自己的小宝贝依偎在沙发上，一起看电视、肆意傻笑，不小心把巧克力滴在睡衣上。

因此，我要再大声地说一次：孩子并不属于我们，他们不欠我们任何东西。他们来到世上，不是为了让我们"拥有"，而是为了成为他们自己。我们不能让自己的执念、自私的愿望或需求影响他们的生活，好在我们可以将生活掌握在自己手中，这样就能在与家人相伴的时光里尽享温馨与快乐，直到永远。

我们必须放手，并从中收获巨大的满足感：我们已经给予孩子无限的可能性，让他们能成长为快乐自足、身心平衡的个体，进而成为优秀的伴侣、父母，热心善良、有责任感的社区成员，这样的他们会心怀天下，为亲爱的世界的发展贡献力量。

孩子并不属于我们,他们不欠我们什么。

我们必须学会放手。

结 语：找到平衡

养育孩子这项任务时间跨度很长，也会涉及大量前人的经验和教育理念。我很清楚，这本书并不指向任何特定的年龄。所以，我在这里对话的可能是一位 3 岁孩子的父亲，或是一位青少年的母亲，或是两者兼有。

读这本书的你，可能正遵循着某种教养方法，在家中维持着严明、有序的亲子关系，又或者恰恰相反，你可能处事非常自由、开明。

举个例子，我收到过一对中国父母的来信，他们一直以传统的教育方式养育自己 13 岁的女儿，直到发现她在主流的教育体系和家庭结构中生活得并不快乐，于是，他们开始阅读心理学相关的书籍。在此过程中，他们发现了我父亲的书，并且很喜欢书里的内容。他们决定彻底改变对待女儿的方式，在家中赋予她平等的权利，给予她更多的自由。尽管这样的尝试进展缓慢，但他们确实成功了，一年过后，他们问她愿不愿意去夏山学校。就这样，这对父母从一种非常严格的教育方法中走了出来，转而走上了一条更加"夏山式"的养育之路，至今为止，他们全家都对此非常满意。

与此相对，我去年收到了一封邮件，来自一位年轻的印度女士，她读过许许多多关于儿童自由的书籍，但她很绝望，因为她3岁的女儿彻彻底底失控了。她想什么时候睡觉就什么时候睡觉，想在哪里睡就在哪里睡，每天动辄发脾气，大部分时间都疲累过头。她还总是不按时吃饭，几乎整天都在看电视和玩电脑。

我回信给她，细致地阐述了我所看到的问题，劝告她要设定合理而稳定的时间安排，建立家庭规则，别再让她的女儿掌控一切。之后我收到了反馈邮件，她的情况好多了，她说自己已经开始更加结构化地管理家庭（她的伴侣并不赞同她之前的教育方式，现在也宽慰许多）。

由此我们可以看出，父母们的问题天差地别，在没有充分了解背景信息的情况下，很难为他们提供具体的建议。从中我们也能看到，改变永远都不迟。对于年龄较大的孩子，你可以与他们协商讨论，而对于年龄较小的孩子，则可以直接推动变化的发生和发展。

这本书不是什么育儿指南，我只是将自己在夏山和家庭中收获的想法和经验悉数写下，希望读者朋友们能够从中至少找到一点有用的东西。我无意去指导人们该如何养育子女，只是在这许多年里,尤其是在夏山这个特别的环境中,我见过太多太多的孩子和家庭。

不论你是正在为教育而发愁,还是有认识的人因此烦恼,或许这本书里的一些内容会对你有所帮助。

衷心地感谢你愿意花时间阅读这本书。

佐伊·尼尔·瑞德海德
于英国萨福克,夏山学校

Barefoot in November. Parenting the Summerhill way
by
ZOË NEILL READHEAD

Copyright: © WORLDWIDE COPYRIGHT ZOË NEILL READHEAD 2021

This edition arranged with A.S. NEILL SUMMERHILL TRUST
through Big Apple Agency, Inc., Labuan, Malaysia.
All rights reserved.

著作版权合同登记号：01-2024-3353

图书在版编目（CIP）数据

夏山学校. 家庭实践篇 /（英）佐伊·尼尔·瑞德海德著；谌宣蓁译. -- 北京：新星出版社，2024.11.
ISBN 978-7-5133-5740-1

Ⅰ．G78

中国国家版本馆CIP数据核字第2024C7540A号

夏山学校．家庭实践篇

[英] 佐伊·尼尔·瑞德海德 著；谌宣蓁 译

责任编辑	汪　欣	**特约编辑**	崔莲花　郭　婷
装帧设计	李照祥	**内文制作**	王春雪
责任印制	李珊珊　史广宜		

出 版 人　马汝军
出　　版　新星出版社
　　　　　（北京市西城区车公庄大街丙3号楼8001　100044）
发　　行　新经典发行有限公司
　　　　　电话（010）68423599　邮箱 editor@readinglife.com
网　　址　www.newstarpress.com
法律顾问　北京市岳成律师事务所
印　　刷　河北鹏润印刷有限公司
开　　本　850mm×1168mm　1/32
印　　张　6.5
字　　数　100千字
版　　次　2024年11月第1版　2024年11月第1次印刷
书　　号　ISBN 978-7-5133-5740-1
定　　价　35.00元

版权专有，侵权必究。如有印装质量问题，请发邮件至 zhiliang@readinglife.com